FIRST EDITION - Published 2021

Extra Graphic Material From: www.freepik.com
Thanks to: Alekksall, Starline, Pch.vector,
Dgim-studio, Upklyak, Macrovector
& Freepik.com Designers

This Book Offers Free Bonus Puzzles

Available Here:

BestActivityBooks.com/WSBONUS20

5 TIPS TO START!

1) HOW TO SOLVE

The Puzzles are in a Classic Format:

- Words are hidden without breaks (no spaces, dashes, ...)
- Orientation: Forward & Backward, Up & Down or
  in Diagonal (can be in both directions)
- Words can overlap or cross each other

2) LEVEL UP THE GAME!

A space is provided next to each word to write new ones, translations or notes. We also offer a convenient **NOTEBOOK** at the end of this edition. It can help you organize your annotations, new words and/or observations.

3) TAG YOUR WORDS

Have you tried using a tag system? For example, you could mark the words which have been difficult to find with a cross, the ones you loved with a star, new words with a triangle, rare words with a diamond and so on...

4) EASY TO CUT!

The Puzzles come with an Extra Large margin to easily cut the page out of the book. Some people may feel it more convenient to solve them this way.

5) FINISHED?

Go to the bonus section: **MONSTER CHALLENGE** to find a free game offered at the end of this edition!

Want **more fun** and activities to **relax? It's Fast and Simple!** An entire Game Book Collection **just one click away!**

Find your next challenge at:

BestActivityBooks.com/MyNextWordSearch

Ready, Set... Go!

Did you know there are around 7,000 different languages in the world? Words are precious.

We love languages and have been working hard to make the highest quality books for you. Our ingredients?

One part easy-to-read print, three parts entertainment, then we add some challenging words and a pinch of rare ones. We brew them with care to serve you lots of fun and an opportunity to solve the best puzzles.

Your feedback is essential. You can be an active participant in the success of this book by leaving us a review. Tell us what you liked most in this edition!

Here is a short link which will take you to your Amazon orders review page.

BestBooksActivity.com/Review50

Thanks for your fidelity and enjoy the Game!

Delta Classics Team

Puzzle 1

```
Ό  Π  Ο  Υ  Z  Η  Σ  Υ  Ε  Μ  Σ  Έ  Δ  Α  D
Κ  Ο  Μ  Μ  Ά  Τ  Ι  Ή  Κ  Ε  Μ  D  Ρ  Ρ  Μ
Z  Ι  Ε  Σ  Έ  Π  S  Κ  Λ  Τ  W  Ο  Ά  Σ  Q
J  Ρ  Τ  Υ  Χ  Β  Υ  Ά  R  Α  R  F  Κ  Ε  L
R  Ο  Ύ  Γ  Υ  Μ  Τ  Λ  Β  Π  Φ  D  Ο  Ν  Γ
R  F  Ο  Κ  Ο  Σ  Ύ  Τ  W  Τ  Α  Σ  Σ  Ι  Ε
D  S  Ι  Ρ  Ί  Α  Π  Σ  Τ  Υ  J  Υ  Α  Κ  Ω
Τ  Q  F  Ο  Δ  Z  Ο  Ε  Β  Χ  L  Ε  D  Ό  Γ
Q  V  Η  Ύ  Α  Ο  Υ  Σ  Q  Ι  Z  Ύ  Ρ  R  Ρ
Q  V  D  Σ  Τ  F  Υ  Z  Σ  Α  Δ  Ά  Μ  Ο  Α
Κ  Q  J  Τ  Σ  J  L  Λ  G  Κ  Κ  G  V  V  Φ
Κ  Υ  Α  Η  Ο  D  S  Α  Ε  Ό  Χ  Α  Α  Α  Ί
Μ  Ρ  C  Κ  Α  Ι  Λ  Έ  Z  Ι  Π  Μ  Κ  Η  Α
Χ  Μ  W  Ε  Σ  Ω  Δ  Έ  Υ  Β  Ά  F  J  Ό  Ι
```

ΑΡΣΕΝΙΚΌ	ΤΎΠΟΥ
ΚΆΛΤΣΕΣ	ΟΜΆΔΑΣ
ΈΔΩΣΕ	ΜΕΤΑΠΤΥΧΙΑΚΌ
ΣΤΑΔΊΟΥ	ΔΟΥΛΕΙΆ
ΜΠΙΖΈΛΙΑ	ΡΎΖΙ
ΠΈΣΕΙ	ΔΡΆΚΟΣ
ΓΕΩΓΡΑΦΊΑ	ΟΎΤΕ
ΚΟΜΜΆΤΙ	ΣΥΓΚΡΟΎΣΤΗΚΕ
ΔΈΣΜΕΥΣΗ	ΑΣΦΑΛΉ
ΌΠΟΥ	ΚΑΚΌ

Puzzle 2

```
Y  Θ  B  Π  Π  H  V  K  Y  L  Π  X  Θ  Δ  Έ
U  E  O  E  P  E  Ψ  Ό  Π  A  E  T  Ά  I  Ξ
D  M  Q  P  T  G  Ί  P  Y  T  Δ  Ύ  Λ  A  Y
M  E  D  I  E  K  Ί  Σ  P  B  I  Π  A  Φ  Π
M  Λ  Σ  Σ  V  V  E  Z  E  G  Ά  H  Σ  Y  N
A  I  H  T  Z  O  Θ  H  F  I  Δ  M  Σ  Γ  H
H  Ω  M  A  R  M  A  T  I  Ά  E  A  A  Ή  R
A  Δ  E  T  A  P  T  O  T  T  Σ  Z  V  Σ  T
N  H  Ί  I  Q  A  Σ  Σ  Y  N  T  P  I  B  Ή
A  F  O  K  F  A  I  Έ  Γ  K  Λ  H  M  A  Φ
M  R  Z  Ό  Y  I  T  M  Q  D  R  U  D  G  O
O  H  Σ  Y  E  T  N  Ά  Λ  A  T  H  P  K  Σ
N  Z  X  M  I  H  A  Π  E  P  I  K  O  Π  Ή
Ή  X  O  Σ  O  P  Π  M  Y  S  R  X  K  L  K
```

ΔΙΑΦΥΓΉΣ
ΈΞΥΠΝΗ
ΠΕΊΣΕΙ
ΠΡΟΣΟΧΉ
ΣΟΦΉ
ΠΕΔΙΆΔΕΣ
ΣΥΝΤΡΙΒΉ
ΣΗΜΕΊΟ
ΠΕΡΙΚΟΠΉ
ΤΑΛΆΝΤΕΥΣΗ

ΘΕΜΕΛΙΏΔΗ
ΘΆΛΑΣΣΑ
ΠΕΡΙΣΤΑΤΙΚΌ
ΑΝΤΙΣΤΑΘΕΊ
ΈΓΚΛΗΜΑ
ΑΝΑΜΟΝΉ
ΜΑΤΙΆ
ΑΠΌΨΕ
ΤΥΡΊ
ΧΤΎΠΗΜΑ

Puzzle 3

```
E  W  G  Π  Π  D  B  Y  J  D  Θ  B  Q  Z  Π
E  Σ  Ή  Φ  A  E  S  F  Y  L  É  X  D  Y  A
Σ  T  Ά  Σ  H  N  P  Ά  Π  M  A  Π  M  Γ  P
Π  Λ  E  Y  P  Ά  T  I  G  C  T  K  Σ  Ί  A
M  O  X  Π  P  S  J  P  É  I  P  A  Ή  Z  T
Π  H  O  R  O  K  B  J  E  X  O  K  T  O  H
E  A  Ί  O  B  Y  D  W  V  M  E  W  H  Y  P
P  I  P  I  Ό  E  Λ  W  A  P  É  I  T  N  Ώ
Δ  J  Ω  A  P  I  Y  Ό  I  E  R  N  I  A  N
E  M  N  I  E  J  O  D  B  W  U  Ύ  O  A  T
M  Ό  N  A  I  Σ  A  Φ  Q  E  R  O  Φ  Σ  A
É  T  Z  G  A  T  O  Π  Ί  T  P  P  T  S  Σ
N  Λ  O  Y  Λ  O  Ύ  Δ  I  A  R  I  V  P  B
A  Π  P  Ά  Σ  O  Δ  I  A  K  O  Π  É  Σ  H
```

ΠΡΆΣΟ	ΠΑΡΑΤΗΡΏΝΤΑΣ
ΦΑΣΙΑΝΌ	ΠΛΕΥΡΆ
ΧΟΊΡΩΝ	ΘΈΑΤΡΟ
ΑΦΉΣ	ΦΟΙΤΗΤΉΣ
ΖΥΓΊΖΟΥΝ	ΜΠΑΜΠΆ
ΛΟΥΛΟΎΔΙΑ	ΠΕΡΙΈΧΕΙ
ΔΙΑΚΟΠΈΣ	ΣΤΆΣΗ
ΠΙΡΟΎΝΙ	ΜΠΕΡΔΕΜΈΝΑ
ΒΌΡΕΙΑ	ΠΟΥΛΌΒΕΡ
ΤΊΠΟΤΑ	ΠΑΝΤΡΕΜΈΝΟΣ

Puzzle 4

```
Q  X  Q  Θ  Π  E  P  A  I  T  Έ  P  Ω  Π  K
Z  Q  C  Έ  Z  T  E  M  N  Ό  H  M  A  E  W
Π  M  Z  Λ  W  O  T  Ί  Ύ  L  R  Ά  M  P  E
E  P  Z  E  P  Π  R  Ξ  Δ  G  H  T  J  Ί  P
Π  E  Ό  I  R  Ή  V  A  S  E  A  Σ  J  Π  Γ
I  P  A  Σ  E  Δ  U  T  V  H  Y  O  H  T  A
Σ  A  M  O  T  A  L  G  H  U  D  P  U  E  Z
K  M  Έ  H  Ξ  I  P  Ή  T  Σ  O  Π  Y  P  Ό
E  Φ  Σ  U  R  O  M  M  R  W  V  M  Q  O  M
Y  Ί  Ω  E  Y  Π  Z  O  X  Q  N  A  L  E  E
Ή  Z  Σ  M  G  O  Y  Π  O  Δ  O  X  Ή  Σ  N
Σ  O  T  Έ  P  T  P  O  Π  Γ  Λ  Y  K  Ά  O
U  Y  O  M  O  Λ  O  Γ  Ί  A  S  Q  M  I  Σ
E  N  O  N  E  M  Φ  A  N  Ί  Σ  E  I  R  I
```

NΌHMA

AMΈΣΩΣ

MΎΓA

ΠΟΡΤΡΈΤΟ

ΕΠΙΣΚΕΥΉΣ

ΜΠΡΟΣΤΆ

ΕΡΓΑΖΌΜΕΝΟΣ

ΠΕΡΑΙΤΈΡΩ

ΤΑΞΊ

ΘΈΛΕΙ

ΓΛΥΚΆ

ΟΜΟΛΟΓΊΑ

ΠΕΡΊΠΤΕΡΟ

ΕΊΔΕ

ΥΠΟΣΤΉΡΙΞΗ

ΟΠΟΙΑΔΉΠΟΤΕ

ΡΑΜΦΊΖΟΥΝ

ΕΜΦΑΝΊΣΕΙ

ΠΡΌΣΤΙΜΟ

ΥΠΟΔΟΧΉΣ

Puzzle 5

```
N Y O N Ώ Λ H Δ K C H Q W X R
Π F T T E T Q E M A E A E V C
Π E Ά K O J D Λ W Q D F B M S
A A P Φ P U Z Φ Φ O B Ά T A I
P M Y Ί Θ R A Ί P O T Σ I Σ E
A O S Θ Φ O S N Λ A Σ E Y Ψ
Λ I S E Έ P N I W Έ Φ O Σ M Ά
Ί B H H J A A O L Π A K Ύ M K
A Ή E Y U K M Ξ M A I O E E C
Ά N Θ P A K A A H K P Λ N T N
T O W P E K Ό P S E Έ Ά Π Έ T
H N Έ M Σ I Θ H N Y Σ T M X F
Λ Ύ Σ H T L E H A O T A E Ω Y
Δ I A K O Π Ή Σ Q O E I M N H
```

ΆΦΘΟΝΟ	ΔΗΛΏΝΟΥΝ
ΣΥΝΗΘΙΣΜΈΝΗ	ΚΆΨΕΙ
ΡΕΚΌΡ	ΛΎΣΗ
ΆΝΘΡΑΚΑ	ΔΕΛΦΊΝΙ
ΚΑΠΈΛΟ	ΦΟΒΆΤΑΙ
ΑΜΟΙΒΉ	ΑΦΑΙΡΈΣΤΕ
ΘΈΑΜΑ	ΣΟΚΟΛΆΤΑ
ΣΥΜΜΕΤΈΧΩΝ	ΠΑΡΑΛΊΑ
ΔΙΑΚΟΠΉΣ	ΠΕΡΊΦΡΑΞΗ
ΕΜΠΝΕΎΣΕΙ	ΙΣΤΟΡΊΑ

Puzzle 6

```
Y  T  L  B  H  B  A  E  K  A  E  A  W  K  P
X  P  T  E  E  Δ  Π  B  W  P  Γ  Λ  B  A  I
F  A  M  A  P  Ό  E  Φ  K  X  K  Λ  U  Λ  N
P  Γ  Q  S  X  N  I  Ά  Ό  A  A  H  Ό  A  A
K  O  E  G  W  B  Λ  Σ  Λ  Ί  T  Λ  K  M  N
Θ  Ύ  G  E  E  L  Ή  H  Λ  A  A  E  I  Ά  Ό
Έ  Δ  R  Π  Y  K  N  Ά  A  G  Σ  Π  Π  P  M
Λ  I  G  U  L  T  Z  Q  G  H  T  Ί  O  I  O
E  A  Ί  A  T  Y  E  Λ  E  T  Ά  Δ  P  A  I
T  N  X  Ω  M  W  M  Π  Q  Y  Θ  P  T  Ω  A
E  M  I  K  P  Ά  Έ  O  Y  T  H  A  G  T  X
J  U  I  J  N  Π  Σ  Σ  U  F  K  Σ  Q  S  W
N  A  Z  R  J  P  O  Ό  U  O  A  H  U  A  O
Z  A  N  Θ  P  Ώ  Π  I  N  H  N  J  K  J  P
```

ΑΝΌΜΟΙΑ	ΤΕΛΕΥΤΑΊΑ
ΑΠΕΙΛΉ	ΚΌΛΛΑ
ΑΡΧΑΊΑ	ΜΈΣΟ
ΕΓΚΑΤΑΣΤΆΘΗΚΑΝ	ΑΛΛΗΛΕΠΊΔΡΑΣΗ
ΜΙΚΡΆ	ΤΡΑΓΟΎΔΙ
ΚΑΛΑΜΆΡΙΑ	ΧΩΡΊΣ
ΌΡΑΜΑ	ΠΟΣΟ
ΦΆΣΗ	ΠΡΩΪ
ΠΥΚΝΆ	ΘΈΛΕΤΕ
ΑΝΘΡΏΠΙΝΗ	ΤΡΟΠΙΚΌ

Puzzle 7

A	L	D	V	A	Ί	Σ	A	P	H	Ξ	N	H	E	E
K	Π	D	U	Z	Π	A	P	X	Ί	Σ	E	I	K	Π
O	B	Ώ	E	N	T	Ό	G	Y	H	H	G	L	T	A
Y	F	M	Λ	Σ	Z	Y	Λ	N	S	A	W	P	E	N
N	Π	E	Y	E	C	A	M	Y	A	N	Z	M	Λ	E
O	Λ	Ί	Γ	P	I	S	V	V	T	D	I	G	Έ	Ξ
Y	Ή	Ω	E	O	Σ	A	I	Σ	Ύ	O	Λ	Π	Σ	Έ
Π	P	Σ	Ί	Φ	K	Ί	P	T	G	J	Z	N	E	T
Ί	Ω	H	A	Ά	T	K	Γ	I	P	G	W	O	I	A
Δ	Σ	Q	Σ	I	K	S	K	O	X	K	U	M	M	Σ
I	H	R	A	Δ	Ί	Λ	E	Σ	Y	R	A	I	Π	H
T	Σ	Y	Π	A	Ί	Θ	P	I	A	P	M	K	A	B
E	P	Ω	Δ	I	Ό	Σ	A	Π	Λ	Ά	O	Ή	P	R
E	Π	I	K	Ί	N	Δ	Y	N	O	N	G	I	O	D

ΑΡΧΊΣΕΙ   ΣΊΓΟΥΡΟΙ
ΑΠΏΛΕΙΑ   ΕΡΩΔΙΌΣ
ΑΠΛΆ   ΕΚΤΕΛΈΣΕΙ
ΜΠΑΡ   ΥΠΑΊΘΡΙΑ
ΕΠΙΚΊΝΔΥΝΟ   ΣΕΛΊΔΑ
ΔΙΆΦΟΡΕΣ   ΕΠΑΝΕΞΈΤΑΣΗ
ΝΟΜΙΚΉ   ΠΛΟΎΣΙΑ
ΞΗΡΑΣΊΑ   ΠΛΉΡΩΣΗΣ
ΚΟΥΝΟΥΠΊΔΙ   ΑΠΌΛΥΤΟ
ΥΓΕΊΑΣ   ΜΕΊΩΣΗ

Puzzle 8

```
E  D  Ξ  Σ  I  Δ  Ή  P  O  Y  V  K  E  A  W
Γ  N  Έ  D  F  S  Ί  W  U  Q  Y  Λ  B  N  O
P  H  X  T  A  R  T  F  A  V  H  Ή  O  A  Y
Ή  I  A  T  E  X  P  Έ  J  Y  K  P  Ύ  Π  V
Γ  C  Σ  M  S  O  A  M  Ί  Λ  K  Ω  T  T  W
O  C  A  L  P  J  X  E  M  X  T  Σ  Y  Ύ  E
P  N  T  B  R  Ύ  A  I  Z  B  X  H  P  Ξ  N
Σ  Π  H  G  Ά  T  Σ  Ω  N  Γ  I  A  O  E  T
H  Λ  Ξ  I  Z  F  C  Ω  K  A  O  E  L  I  Ά
Σ  Ή  F  H  M  S  B  M  Σ  E  Z  R  F  P  Ξ
J  Γ  Ή  O  P  P  A  I  Δ  Ί  U  V  H  E  E
L  M  Y  D  G  Ό  Σ  X  O  Λ  E  Ί  O  Y  I
P  A  Ί  Γ  A  P  P  O  M  I  A  J  X  M  N
A  N  I  X  N  E  Ύ  O  Y  N  V  J  O  R  A
```

ΑΝΙΧΝΕΎΟΥΝ
ΠΛΉΓΜΑ
ΚΛΪΜΑ
ΊΣΩΣ
ΣΧΟΛΕΊΟΥ
ΚΛΉΡΩΣΗ
ΓΙΑ
ΑΝΑΠΤΎΞΕΙ
ΕΓΡΉΓΟΡΣΗΣ
ΣΎΡΜΑ

ΕΝΤΆΞΕΙ
ΞΈΧΑΣΑ
ΔΙΑΡΡΟΉ
ΒΟΎΤΥΡΟ
ΣΙΔΉΡΟΥ
ΑΙΜΟΡΡΑΓΊΑ
ΓΝΩΣΤΆ
ΈΡΧΕΤΑΙ
ΧΑΡΤΊ
ΞΗΡΌ

Puzzle 9

```
Ά  U  L  Σ  Η  Ψ  Έ  Κ  Σ  Ο  Κ  Ή  Μ  Μ  Κ
Ν  Ζ  Ν  L  Ά  Ρ  Ο  Φ  Ι  Ρ  Ε  Π  Μ  Υ  Σ
Θ  Γ  Υ  Α  Λ  Ί  Ι  Ε  Τ  J  Ο  Υ  Τ  V  Τ
Ι  Π  C  Ν  Ζ  F  D  Ί  Ά  Q  Η  U  R  D  Λ
Σ  Ρ  Μ  Υ  Β  Β  Ε  Π  Ρ  C  Σ  Ρ  Η  V  Ι
Η  Ο  Κ  Ο  V  Ε  Υ  Ε  Ι  Κ  Η  Ρ  U  Δ  Λ
Ο  Β  Ι  Ν  Ύ  Α  Ν  Ο  Ί  Ξ  Ε  Ι  W  Ι  Ά
Q  Ά  Κ  Ί  Τ  Μ  Κ  Ό  Σ  Μ  Ο  Υ  Ι  Α  Σ
Ε  Δ  Μ  Α  W  Μ  Ι  W  J  Ο  Χ  Ο  Ο  Β  Φ
D  Ι  Ι  Θ  L  Ι  Ι  Α  Ρ  Τ  Σ  Ύ  Ξ  Ά  Υ
V  Σ  Κ  Α  J  Σ  Η  Τ  Ό  Π  Π  Ι  S  Σ  Ρ
C  Μ  Τ  Μ  Ο  Ό  Χ  R  U  S  S  Q  J  Ε  Ί
Β  Α  Ζ  Π  Ρ  Ο  Σ  Δ  Ο  Κ  Ο  Ύ  Ν  Τ  Χ
Π  Ρ  Ό  Σ  Β  Α  Σ  Η  Β  S  Η  Τ  Ζ  Ε  Q
```

ΆΝΘΙΣΗ	ΑΝΟΊΞΕΙ
ΠΡΟΣΔΟΚΟΎΝ	ΣΙΤΆΡΙ
ΜΙΣΌ	ΣΥΜΠΕΡΙΦΟΡΆ
ΣΦΥΡΊ	ΣΚΈΨΗΣ
ΠΡΌΣΒΑΣΗ	ΛΙΛΆ
ΜΑΘΑΊΝΟΥΝ	ΕΊΠΕ
ΚΌΣΜΟΥ	ΞΎΣΤΡΑ
ΜΉΚΟΣ	ΓΥΑΛΊ
ΔΙΑΒΆΣΕΤΕ	ΠΡΟΒΆΔΙΣΜΑ
ΜΟΎΜΙΑ	ΙΠΠΌΤΗΣ

Puzzle 10

U	P	I	M	Π	I	F	N	D	K	T	Δ	M	A	A
Ή	N	I	E	Π	A	T	T	U	Ύ	T	P	Γ	K	N
C	Q	Ό	T	U	A	P	B	Q	K	F	Ό	E	O	O
Σ	S	P	O	T	T	N	O	K	Λ	U	M	P	Ύ	I
V	Π	Y	I	S	Ά	E	Ά	N	O	I	O	Ά	Σ	X
I	R	A	K	T	I	R	N	N	O	W	Σ	K	E	T
Z	O	T	Θ	G	Π	A	T	V	A	M	P	I	T	Ή
E	H	Σ	K	Ί	Σ	A	K	Ά	K	I	A	U	E	P
T	J	Δ	I	Δ	Ά	Σ	K	O	Y	N	P	Σ	E	I
Π	A	Π	O	Ύ	T	Σ	I	A	H	D	A	H	T	Y
Γ	E	N	N	Ή	Θ	H	K	E	M	D	A	F	P	Ή
K	O	Y	N	Ά	Ω	O	M	X	Ή	U	Z	K	Ά	D
Π	E	P	Ί	O	Δ	O	I	T	N	A	N	Έ	Π	A
B	J	Z	L	C	W	U	M	J	M	E	Z	T	D	G

ΓΕΡΆΚΙ   ΠΕΡΊΟΔΟ
ΤΑΠΕΙΝΉ   ΑΠΈΝΑΝΤΙ
ΓΕΝΝΉΘΗΚΕ   ΑΚΟΎΣΕΤΕ
ΣΠΑΘΊ   ΚΎΚΛΟ
ΜΝΉΜΗ   ΜΠΑΝΆΝΑ
ΣΑΚΆΚΙ   ΔΙΔΆΣΚΟΥΝ
ΣΤΑΥΡΌ   ΠΙΆΤΑ
ΔΡΌΜΟΣ   ΠΑΡΟΝΟΜΑΣΤΉ
ΠΆΡΤΕ   ΠΑΠΟΎΤΣΙΑ
ΑΝΟΙΧΤΉΡΙ   ΚΟΥΝΆΩ

Puzzle 11

```
R  G  T  O  M  W  Φ  Ο  Ρ  Ά  I  Ρ  Η  Μ  I
Α  Η  Q  Κ  Π  Υ  Ρ  Ο  Β  Ο  Λ  I  Σ  Μ  Ό
Τ  Ν  J  Τ  Μ  I  Α  Υ  D  L  Ά  Λ  Λ  Ο  I
Ύ  G  Ά  Ώ  Α  Μ  Ω  Φ  Ύ  Ρ  Ο  Κ  Ο  Π  Α
Μ  Ε  Κ  Γ  Κ  Ό  Λ  Π  Ο  D  L  G  Υ  Ρ  Ρ
Π  V  Z  Ρ  Κ  D  Μ  Z  J  J  D  G  Χ  Ε  Κ
Α  Ρ  Β  Έ  Ζ  Η  Β  I  Α  Σ  Ύ  Ν  Η  C  Ο
Ν  Α  Γ  Ά  Π  Η  Δ  Κ  Ά  Π  Ο  I  Ο  Σ  Υ
Ο  Γ  Ρ  Χ  C  C  F  Υ  Q  Ο  C  Ρ  V  U  Δ
Α  Ν  D  Μ  Ν  Η  C  Ν  Ν  Υ  Κ  Η  Ε  Q  Ά
Ρ  Ώ  Χ  S  Μ  V  Μ  Z  Υ  Α  I  Ρ  Ύ  Κ  Κ
Τ  Σ  Μ  D  Α  Ζ  Ε  Π  Ά  Ρ  Τ  Β  Υ  J  I
Έ  Η  Q  G  Η  Α  G  Q  J  Ν  F  Ό  D  U  Z
Π  Λ  Ο  Υ  Σ  I  Ό  Τ  Ε  Ρ  Ε  Σ  Ν  Α  L
```

ΤΎΜΠΑΝΟ
ΚΆΠΟΙΟΣ
ΚΎΡΙΑ
ΠΈΤΡΑ
ΑΓΆΠΗ
ΑΡΚΟΥΔΆΚΙ
ΟΚΤΏ
ΑΠΟΚΟΡΎΦΩΜΑ
ΖΈΒΡΑ
ΠΥΡΟΒΟΛΙΣΜΌ

ΜΙΑ
ΔΥΝΑΤΌΝ
ΓΝΏΣΗ
ΒΙΑΣΎΝΗ
ΑΝΆΓΚΗ
ΦΟΡΆ
ΤΡΆΠΕΖΑ
ΠΛΟΥΣΙΌΤΕΡΕΣ
ΆΛΛΟΙ
ΚΌΛΠΟ

Puzzle 12

```
E D S H D V I M T Ξ N A Y A Δ
T Θ K Σ Θ M E Q E E W Π K Γ I
P M E O V I S K X X Y O V N Δ
Ά X W Λ P E K P N Ω Π Θ P O Ά
B V Y A O A Q Ή I P O E Σ Ή Σ
H L H K A N D B K I B M T Σ K
Ξ Y B Σ J Ω T I Ή Σ Ά A A E O
E O P Ά U Φ D I A T Λ T Θ I N
V Δ Ύ Δ Θ M E T K Ό E I E N T
Y Έ Σ O H Ύ L C J Ή I K P Ω A
B Π H D Λ Σ X E Δ Ό N Ό Ά P I
U A Ί X Y T I Π E L F W K Ί N
J D N Ά K I Λ O T A N A N Σ O
G N N W Ό T P O Φ Ί M Ω N M C
```

ΑΝΑΤΟΛΙΚΆ
ΘΗΛΥΚΌ
ΣΤΑΘΕΡΆ
ΔΑΠΈΔΟΥ
ΒΡΎΣΗ
ΔΙΔΆΣΚΟΝΤΑΙ
ΣΎΜΦΩΝΑ
ΕΘΕΛΟΝΤΙΚΉ
ΔΆΣΚΑΛΟΣ
ΗΘΙΚΉ

ΕΠΙΤΥΧΊΑ
ΣΧΕΔΌΝ
ΑΓΝΟΉΣΕΙ
ΝΩΡΊΣ
ΤΕΧΝΙΚΉ
ΤΡΆΒΗΞΕ
ΑΠΟΘΕΜΑΤΙΚΌ
ΤΡΟΦΊΜΩΝ
ΞΕΧΩΡΙΣΤΟ
ΥΠΟΒΆΛΕΙ

Puzzle 13

```
J  Ό  Σ  Y  P  X  Z  F  T  X  P  N  X  T  N
Z  Λ  Ή  Y  X  Y  I  G  O  T  N  Έ  Λ  A  T
J  Ί  Π  D  Γ  Π  E  P  Ί  Π  Λ  O  K  H  P
Ώ  M  M  A  Ί  K  P  Y  O  T  G  A  A  I  O
P  N  O  I  A  T  E  N  Ί  A  Φ  B  C  C  Π
I  H  Π  R  H  P  L  K  Q  Q  S  S  Y  Y  A
M  A  K  B  A  N  J  A  P  Έ  T  Y  E  Δ  Λ
H  G  E  N  Q  K  H  J  D  I  N  B  F  J  Ό
Δ  H  M  I  O  Y  P  Γ  Ί  A  M  X  L  W  Σ
A  Π  P  Ό  Σ  E  K  T  H  I  M  Έ  C  E  G
Δ  E  Ί  T  E  N  Ό  Σ  O  W  V  Έ  N  G  X
Π  I  Σ  T  O  Ί  N  L  H  D  X  H  T  O  B
G  Z  A  A  N  A  Δ  Ύ  O  N  T  A  I  P  I
Θ  E  P  M  Ό  M  E  T  P  O  W  C  Q  Q  O
```

ΤΑΛΈΝΤΟ
ΧΡΥΣΌ
ΑΠΡΌΣΕΚΤΗ
ΜΈΤΡΟ
ΦΑΊΝΕΤΑΙ
ΤΟΥΡΚΊΑ
BAN
ΘΕΡΜΌΜΕΤΡΟ
ΔΗΜΙΟΥΡΓΊΑ
ΕΚΠΟΜΠΉΣ

ΏΡΙΜΗ
ΑΝΑΔΎΟΝΤΑΙ
ΔΕΊΤΕ
ΣΥΓΚΕΚΡΙΜΈΝΟ
ΝΤΡΟΠΑΛΌΣ
ΠΙΣΤΟΊ
ΝΌΣΟ
ΔΕΥΤΈΡΑ
ΛΊΜΝΗ
ΠΕΡΊΠΛΟΚΗ

Puzzle 14

```
T  Z  Ά  K  I  A  E  H  Δ  L  Ά  O  I  P  Δ
F  J  B  K  P  K  U  K  Ω  W  T  P  K  N  Ώ
R  Q  Q  K  E  T  R  Ή  M  J  P  S  Θ  C  P
Σ  Ό  Λ  O  Ύ  I  D  Θ  Ά  O  F  Y  F  P  A
M  F  V  D  M  N  W  N  T  D  S  L  E  Π  O
N  P  U  Q  A  Ί  P  Y  I  E  Σ  Ά  X  A  A
T  T  A  T  T  Δ  H  Σ  O  Δ  K  Έ  A  Π  Π
O  Y  O  I  O  I  Ψ  A  J  R  D  U  N  Π  O
F  G  X  Y  Σ  O  Ί  E  X  Y  P  O  A  O  P
X  L  A  A  Λ  M  P  I  K  T  K  G  Φ  Ύ  P
D  O  E  M  Ί  Ά  Y  T  W  G  V  G  O  Σ  Ί
L  B  P  Λ  A  A  Π  Ύ  O  Σ  T  P  P  Z  Ψ
O  V  O  Ά  W  H  B  I  S  A  O  G  Ά  K  E
Δ  I  A  T  H  P  O  Ύ  N  T  A  I  D  G  I
```

ΠΑΠΠΟΎΣ   ΟΡΥΧΕΊΟ
ΔΙΑΤΗΡΟΎΝΤΑΙ   ΤΥΧΑΊΑ
ΑΠΟΡΡΊΨΕΙ   ΔΩΜΆΤΙΟ
ΣΟΎΠΑ   ΧΆΣΕΙ
ΡΊΨΗ   ΡΕΎΜΑΤΟΣ
ΈΚΔΟΣΗ   ΆΡΘΡΟ
ΑΝΑΦΟΡΆ   ΤΖΆΚΙ
ΑΚΤΙΝΊΔΙΟ   ΔΏΡΑ
ΝΤΟΥΛΆΠΙ   ΆΛΜΑ
ΣΌΛΟ   ΣΥΝΘΉΚΗ

Puzzle 15

```
H  S  F  C  O  E  N  O  I  K  Ί  A  Σ  H  X
K  A  N  O  N  I  Σ  M  O  Ύ  B  Q  M  B  K
Q  Ύ  J  Γ  E  Ί  T  O  N  A  L  F  Y  O  V
D  U  Π  N  K  T  A  T  N  O  Γ  Ά  P  A  Π
A  Π  Z  N  M  E  I  Ώ  Σ  E  I  W  M  K  G
K  E  T  I  O  I  Ό  Λ  O  P  R  D  Ή  Z  I
O  T  L  P  A  W  K  Σ  K  Ά  Λ  A  Γ  E  M
Λ  A  L  Ύ  Έ  G  I  Q  Ό  Ή  M  I  K  O  Δ
O  Λ  Π  O  O  X  T  D  T  Γ  K  S  I  N  A
Y  O  I  Γ  E  P  O  B  B  Q  A  S  G  K  U
Θ  Ύ  Θ  Γ  L  L  M  N  Z  O  I  Λ  W  Ί  U
O  Δ  A  A  W  X  H  T  T  B  H  Π  Ύ  Λ  H
Ύ  A  N  Q  K  T  Δ  E  Z  A  U  H  E  P  Q
N  T  Ό  Δ  Ά  Γ  K  Ω  M  A  Σ  A  B  Z  R
```

ΠΎΛΗ	ΕΝΟΙΚΊΑΣΗ
ΔΗΜΟΤΙΚΌ	ΡΟΛΌΙ
ΜΕΙΏΣΕΙ	ΜΥΡΜΉΓΚΙ
ΔΆΓΚΩΜΑ	ΠΑΡΆΓΟΝΤΑ
ΤΡΈΧΟΝΤΑΣ	ΛΑΓΌΣ
ΚΑΝΟΝΙΣΜΟΎ	ΓΕΊΤΟΝΑ
ΣΚΆΛΑ	ΎΠΝΟ
ΑΓΓΟΎΡΙ	ΔΟΚΙΜΉ
ΠΕΤΑΛΟΎΔΑ	ΑΚΟΛΟΥΘΟΎΝ
ΠΙΘΑΝΌ	ΛΊΚΝΟ

Puzzle 16

```
M C Π M J X A U V I T R Q Π H
L C Ω O E U N I E P Ύ E Φ E Λ
W C Λ M Λ T Θ Ύ M A Z V N T I
A H O M Ή Ί A Π A Π Π O Ύ P Ό
M I Ύ Π X N Σ B N S G K Σ E Λ
Ω N N Λ M Y Θ Λ S E A K Λ O
Ί Ί V O W M I M H H V Λ Ό A Y
E P E K F A C N A Σ T Ά N Ί Σ
M A Έ Λ E Γ X O W V H Έ H O T
H N A P K Ω T I K Ώ N Σ Σ Y H
Σ A T H T Ό I O Π F G R P B J
L K B Ά P K A E I P H N I K Ή
T E Π Ί T E Y Ξ H P D Z H V Q
P P R Q P I D D X U D D G P I
```

ΗΛΙΌΛΟΥΣΤΗ	ΜΉΝΥΜΑ
ΠΟΙΌΤΗΤΑΣ	ΣΗΜΕΊΩΜΑ
ΕΙΡΗΝΙΚΉ	ΜΠΛΟΚ
ΝΑΡΚΩΤΙΚΏΝ	ΠΑΠΠΟΎ
ΠΕΤΡΕΛΑΊΟΥ	ΕΦΕΎΡΕΙ
ΚΑΝΑΡΊΝΙ	ΟΛΊΣΘΗΣΗΣ
ΜΕΤΑΒΛΗΤΈΣ	ΈΛΕΓΧΟ
ΠΩΛΟΎΝ	ΕΠΊΤΕΥΞΗ
ΘΎΜΑ	ΣΚΌΝΗ
ΒΆΡΚΑ	ΚΑΛΆ

Puzzle 17

```
Π  Δ  Ι  Α  Τ  Ρ  Ι  Β  Ή  Κ  Κ  Γ  Τ  Γ  Έ
W  H  H  R  G  G  K  U  X  A  Y  Ρ  Y  K  Σ
C  K  Γ  M  F  Z  M  F  N  Θ  Ρ  Α  Π  Α  Τ
X  Ή  K  Α  Ι  Δ  Α  Τ  Σ  Ρ  Ι  Σ  Ι  Z  E
H  C  D  C  Ί  N  P  S  F  Έ  Α  Ί  K  Ό  Ι
H  Z  J  Z  A  N  B  P  G  Φ  K  Δ  Ό  N  Λ
Π  Z  F  H  H  A  E  A  Q  T  Ή  Ι  Q  J  E
Ά  E  B  Ω  U  F  H  Ι  H  H  Q  Y  C  X  L
Ι  G  P  Σ  M  O  T  O  Σ  Ι  K  Λ  Έ  T  A
Ρ  Σ  T  Ί  Σ  Y  Σ  T  A  T  Ι  K  Ό  Ι  Π
Α  Ι  X  Π  E  Σ  Y  N  Δ  Y  A  Σ  M  Ό  Ά
B  S  Y  Y  A  P  E  Π  Ί  Σ  H  M  O  Z  N
L  K  X  B  P  J  Γ  T  E  Λ  Ι  K  Ά  X  T
Z  Z  G  X  G  Ό  W  H  A  Γ  E  N  Ή  Σ  A
```

ΕΠΊΣΗΜΟ   ΚΥΡΙΑΚΉ
ΈΣΤΕΙΛΕ   ΙΣΧΥΡΌ
ΔΙΑΤΡΙΒΉ   ΠΊΣΩ
ΠΗΓΑΊΝΕΙ   ΣΥΝΔΥΑΣΜΌ
ΣΥΣΤΑΤΙΚΌ   ΤΕΛΙΚΆ
ΣΤΑΔΙΑΚΉ   ΠΆΝΤΑ
ΓΡΑΣΊΔΙ   ΒΑΡΙΆ
ΓΚΑΖΌΝ   ΚΑΘΡΈΦΤΗ
ΜΟΤΟΣΙΚΛΈΤΑ   ΠΕΡΊΕΡΓΗ
ΤΥΠΙΚΌ   ΑΓΕΝΉΣ

Puzzle 18

```
N  A  C  F  N  C  I  E  Z  Ά  I  P  I  A  T
Y  O  Σ  O  P  Δ  E  Ό  P  Π  B  O  V  N  W
Ό  P  M  T  A  Π  Ό  Θ  E  M  A  Π  Y  A  W
P  T  E  Ί  Y  M  K  W  V  P  W  Σ  D  B  Π
Έ  X  Y  J  Σ  N  Y  Π  N  H  Λ  Ί  A  O  P
Φ  Ά  G  D  O  M  O  Ξ  Q  Y  I  K  R  Λ  O
O  I  E  K  Σ  J  A  M  Έ  I  R  A  N  Ή  M
Π  K  N  F  Ί  M  T  T  Ί  N  P  S  H  F  Ή
Y  Σ  Ή  E  M  H  I  F  O  A  Ω  A  B  A  Θ
Σ  Ύ  Γ  K  P  O  Y  Σ  H  Σ  Σ  N  X  S  E
K  N  F  A  Σ  Y  N  Δ  Y  Ά  Z  O  Y  N  I
O  N  O  M  Ά  Z  E  T  A  I  W  B  L  Z  E
V  R  Σ  Φ  P  A  Γ  Ί  Δ  A  N  Z  S  N  Σ
Π  A  P  A  K  O  Λ  O  Y  Θ  O  Ύ  Σ  E  C
```

ΞΈΝΩΝ
ΑΝΑΒΟΛΉ
ΣΚΙΆΧΤΡΟ
ΠΑΡΑΚΟΛΟΥΘΟΎΣΕ
ΠΡΌΕΔΡΟΣ
ΜΊΣΟΣ
ΟΝΟΜΆΖΕΤΑΙ
ΠΡΟΜΉΘΕΙΕΣ
ΣΠΟΡ
ΝΟΜΊΣΜΑΤΟΣ

ΥΠΝΗΛΊΑ
ΑΣΤΥΝΟΜΊΑΣ
ΣΎΓΚΡΟΥΣΗ
ΑΠΌΘΕΜΑ
ΥΠΟΦΈΡΟΥΝ
ΤΑΙΡΙΆΖΕΙ
ΜΉΝΑ
ΣΦΡΑΓΊΔΑ
ΣΥΝΔΥΆΖΟΥΝ
ΕΥΓΕΝΉ

Puzzle 19

```
I  G  C  K  F  K  J  E  Z  D  K  P  D  D  Y
U  W  D  S  H  H  A  T  X  Ύ  N  P  O  L  I
Έ  K  Π  Λ  H  Ξ  H  T  I  N  Y  E  Έ  Ό  E
M  S  I  R  V  Y  Q  Ï  E  K  Ό  X  Λ  M  M
K  A  T  A  Λ  Ά  B  E  I  Ύ  A  Ά  E  Θ  A
Π  E  P  Ί  M  E  T  P  O  Λ  Θ  T  Z  A  Ί
Φ  A  Σ  Ό  Λ  I  A  J  A  Ύ  Γ  Y  V  B  Δ
X  I  T  N  A  Z  C  O  I  Γ  Ί  A  N  F  I
K  Y  K  Λ  I  K  Έ  Σ  Π  K  N  K  I  Σ  A
B  R  E  D  Λ  T  Z  X  Ό  A  E  P  L  A  H
F  R  G  U  Ί  Ό  X  I  Λ  F  I  H  I  V  U
R  M  K  F  M  T  S  V  H  I  N  V  Q  W  G
I  A  Q  D  U  E  M  A  Λ  Λ  I  Ώ  N  N  M
B  A  Σ  Ί  Λ  I  Σ  Σ  A  C  T  P  U  R  Q
```

ΊΔΙΑ	ΚΡΈΜΑ
ΠΌΛΗ	ΠΕΡΊΜΕΤΡΟ
ΧΌΚΕΪ	ΈΚΠΛΗΞΗ
ΜΑΛΛΙΏΝ	ΚΑΤΑΛΆΒΕΙ
ΓΊΝΕΙ	ΦΑΣΌΛΙΑ
ΑΥΤΆ	ΜΊΛΙ
ΖΕΛΈ	ΝΎΧΤΑ
ΚΥΚΛΙΚΈΣ	ΤΌΤΕ
ΛΎΓΚΑ	ΒΑΘΜΌ
ΚΑΤΕΎΘΥΝΣΗ	ΒΑΣΊΛΙΣΣΑ

Puzzle 20

```
Ο  Λ  Η  Λ  Λ  Ά  Τ  Α  Κ  Ε  Υ  Π  Κ  Α  Ψ
Κ  Q  Ζ  Α  Ν  Έ  Μ  Ρ  Α  Θ  Φ  Ι  Ο  Κ  Η
Χ  Υ  Κ  Μ  Α  Τ  Ή  Β  Α  Λ  V  Π  Υ  Ρ  Φ
R  E  Τ  Ι  J  Μ  U  Ζ  Τ  Μ  V  Έ  Ν  Ί  Ο
D  Ο  Τ  Τ  Α  Ο  G  U  Τ  Έ  W  Ρ  Ά  Β  Φ
F  Τ  R  Σ  Ά  Π  Μ  Α  Π  Μ  Τ  Ι  Β  Ε  Ο
Χ  W  G  Ύ  Ο  Ρ  Ε  Ν  J  Υ  Ε  Α  Ι  Ι  Ρ
R  V  Υ  G  Β  Β  Ω  Μ  Ζ  D  G  Φ  Ρ  Α  Ί
Η  Σ  Ή  Κ  Ι  Λ  Ο  Ν  Υ  Σ  F  Ρ  Χ  Τ  Α
Ε  Π  Ι  Θ  Ε  Ω  Ρ  Ή  Σ  Ε  Ι  Ο  Ι  V  Ο
Ε  Σ  Τ  Ι  Α  Τ  Ό  Ρ  Ι  Ο  Β  Μ  Ό  Q  Κ
Α  Ν  Α  Ψ  Υ  Χ  Ή  Σ  Ε  Ρ  F  Ό  Ν  Ζ  Ρ
Α  Ν  Τ  Ί  Π  Α  Λ  Ο  D  G  Κ  F  Ι  Ε  Ά
Ν  G  G  C  V  V  Υ  Υ  L  Η  D  D  Χ  W  Π
```

ΑΝΑΨΥΧΉΣ
ΦΘΑΡΜΈΝΑ
ΜΠΑΜΠΆΣ
ΨΗΦΟΦΟΡΊΑ
ΌΜΟΡΦΑ
ΛΑΒΉ
ΚΥΤΤΆΡΩΝ
ΧΙΌΝΙ
ΚΟΥΝΆΒΙ
ΕΠΙΘΕΩΡΉΣΕΙ

ΚΑΤΆΛΛΗΛΟ
ΣΥΝΟΛΙΚΉΣ
ΑΚΡΊΒΕΙΑ
ΤΈΤΑΡΤΟ
ΤΡΑΜ
ΠΆΡΚΟ
ΠΙΠΈΡΙ
ΝΕΡΟΎ
ΕΣΤΙΑΤΌΡΙΟ
ΑΝΤΊΠΑΛΟ

Puzzle 21

```
Λ  Ε  Ρ  Γ  Α  Σ  Ι  Ώ  Ν  W  P  C  M  R  U
Α  Ι  Λ  Ύ  Γ  Γ  Ο  Γ  Τ  Α  Ή  Z  Z  W  K
Κ  Α  Ο  Ν  Ω  Ί  Ε  Σ  Υ  Ο  Μ  R  M  J  B
Τ  Ν  Μ  Ν  Ό  Λ  Α  Ε  Ξ  Α  Ί  Δ  Ι  Ο
Ε  Α  R  D  Τ  R  Τ  Α  Ζ  Ύ  Ρ  Σ  D  Q  Δ
Ν  Σ  Ι  V  Ι  Ά  F  Τ  Λ  Λ  Ν  Χ  Τ  Η  Ε
Ώ  Σ  Ο  J  Α  Ι  Ρ  Γ  L  Ο  Β  Ό  Α  Μ  Ί
Π  Ι  Ν  Έ  Λ  Ο  Σ  Ι  Ρ  Q  Η  Λ  Μ  Λ  Χ
U  Γ  Ν  V  G  Τ  Έ  Κ  Σ  Α  L  Ι  Ε  Ά  Ν
Ε  Ά  Κ  Σ  L  Τ  Λ  Q  Λ  U  Β  Α  Ί  Θ  Ο
Ε  Μ  Χ  J  R  Β  Λ  C  Ε  Η  Μ  Ά  Ο  Ο  Υ
Β  W  U  Ε  D  D  Ο  U  G  Β  P  F  Τ  Σ  Ν
D  S  F  Β  Ι  J  Π  Ο  C  W  Β  Ό  V  Α  S
Μ  Π  Ο  Υ  Κ  Ά  Λ  Ι  Β  Ο  Υ  P  W  L  Β
```

ΊΔΙΟ	ΕΝΏ
ΡΉΜΑ	ΜΆΓΙΣΣΑ
ΓΡΑΒΆΤΑ	ΠΟΛΛΈΣ
ΜΠΟΥΚΆΛΙ	ΝΑΙ
ΞΎΛΟ	ΠΙΝΈΛΟ
ΕΡΓΑΣΙΏΝ	ΜΟΥΣΕΊΩΝ
ΣΧΌΛΙΑ	ΌΛΑ
ΔΕΊΧΝΟΥΝ	ΛΙΟΝΤΆΡΙ
ΣΚΛΗΡΌ	ΤΑΜΕΊΟ
ΛΆΘΟΣ	ΓΟΓΓΎΛΙΑ

Puzzle 22

```
Y  Q  J  M  Θ  M  Π  N  W  X  G  S  K  Π  B
Y  B  T  E  A  O  O  W  Ρ  Σ  A  W  H  A  Q
V  R  E  Γ  Ύ  N  Λ  M  B  Y  I  P  Z  P  L
K  H  W  A  M  T  Y  D  I  M  Z  S  Ά  Ό  Σ
N  A  D  Λ  A  Έ  T  Q  Z  B  Έ  P  K  M  Y
Y  Σ  Z  Ύ  V  Λ  Έ  R  R  Ά  P  N  V  O  Γ
B  T  N  T  F  O  Λ  G  Q  N  Φ  H  J  I  Γ
Ά  Ί  I  E  Ή  P  E  X  O  P  B  R  U  E  P
P  Φ  L  P  A  K  I  N  Ά  K  Y  O  Λ  Σ  A
O  P  Ω  H  W  Σ  A  N  Y  E  P  Έ  B  X  Φ
Y  A  R  Λ  Θ  Έ  M  A  Y  D  O  J  O  C  Έ
Σ  K  J  K  I  Σ  Ύ  N  T  P  O  Φ  O  Σ  A
X  D  X  Z  M  Ά  N  Ό  Σ  T  I  M  A  J  Σ
K  E  N  Ό  T  M  Ή  M  A  T  O  Σ  Q  A  A
```

ΘΈΜΑ
ΚΕΝΌ
ΚΑΡΦΊΤΣΑ
ΣΥΓΓΡΑΦΈΑΣ
ΒΡΟΧΕΡΉ
ΜΟΝΤΈΛΟ
ΠΑΡΌΜΟΙΕΣ
ΈΡΕΥΝΑΣ
ΠΟΛΥΤΈΛΕΙΑ
ΦΡΈΖΙΑ

ΝΌΣΤΙΜΑ
ΤΜΉΜΑΤΟΣ
ΘΑΎΜΑ
ΦΩΛΙΆ
ΒΆΡΟΥΣ
ΜΕΓΑΛΎΤΕΡΗ
ΛΟΥΚΆΝΙΚΑ
ΣΎΝΤΡΟΦΟΣ
ΧΑΡΆ
ΣΥΜΒΆΝ

Puzzle 23

```
Σ  Η  Μ  Α  Ν  Τ  Ι  Κ  Ή  Ι  D  Κ  Α  V  R
Ι  Ζ  Ά  Λ  Α  Χ  Β  Ν  Τ  Λ  Ο  Έ  Γ  G  A
Ε  Κ  V  Μ  Ο  Σ  Α  Η  Ε  Έ  J  Λ  Γ  J  Ν
Σ  Ώ  Μ  Α  Ζ  Υ  Τ  Β  Υ  Ζ  Ο  Υ  Λ  S  Ώ
Ί  U  Χ  Ο  Β  Ρ  Λ  Α  J  Ι  Χ  Φ  Ι  Υ  Τ
Π  G  Α  Π  D  F  Ο  Ι  Θ  Π  Ί  Ο  Κ  Q  Ε
Ο  Η  Σ  Λ  Σ  Ή  Μ  Α  Κ  Μ  C  Σ  Ά  Μ  Ρ
Τ  Σ  Ύ  Ώ  F  Ν  Ε  Ν  Ε  Ό  Ό  Α  Η  Q  Ο
Κ  Ε  Ο  Ν  Ε  G  Τ  Ε  Ί  Σ  Ο  Δ  Ο  Ν  Σ
Ε  Θ  Ρ  Η  Σ  Κ  Ε  Υ  Τ  Ι  Κ  Έ  Σ  Σ  D
Ζ  Ί  Α  J  W  V  Β  U  Ν  D  Κ  Ρ  U  Χ  Κ
Β  Π  Π  U  Α  Υ  Ά  Κ  R  Η  D  S  G  Έ  Ζ
Κ  Ε  F  R  D  W  Λ  L  Χ  Χ  Υ  Ο  Ν  Σ  Τ
Β  G  Π  Ρ  Ά  Γ  Μ  Α  Τ  Α  Μ  C  D  Η  S
```

ΕΠΊΘΕΣΗ	ΕΊΣΟΔΟ
ΣΉΜΑ	ΠΡΆΓΜΑΤΑ
ΥΛΙΚΌ	ΝΗΣΊ
ΜΠΙΖΈΛΙ	ΣΧΈΣΗ
ΣΗΜΑΝΤΙΚΉ	ΣΏΜΑ
ΑΝΏΤΕΡΟΣ	ΚΈΛΥΦΟΣ
ΕΚΤΟΠΊΣΕΙ	ΘΡΗΣΚΕΥΤΙΚΈΣ
ΛΆΒΕΤΕ	ΧΑΛΆΖΙ
ΑΓΓΛΙΚΆ	ΟΠΛΏΝ
ΠΑΡΟΎΣΑ	ΣΤΑΘΜΌ

Puzzle 24

```
K  Q  V  M  E  W  B  L  P  W  V  S  C  Έ  A
Λ  A  I  T  Σ  Ά  P  E  T  O  V  A  Σ  Π  Λ
Q  P  K  P  A  K  S  F  C  B  Z  E  Y  E  H
I  O  A  Ή  P  M  Π  Λ  O  Ύ  Z  A  N  Σ  Θ
J  Γ  U  R  Ό  Π  P  Ά  Σ  I  N  O  E  E  Έ
C  Ή  N  J  Γ  F  U  U  V  J  C  P  X  G  Σ
P  P  X  A  A  K  Π  P  O  Ϊ  Ό  N  Ί  M  E
M  Γ  G  S  U  I  Λ  E  W  S  N  H  Σ  E  T
A  M  Γ  I  Λ  Ύ  T  I  P  E  Π  T  E  O  Ή
V  Y  K  A  Σ  K  Ό  Λ  B  I  V  Σ  I  C  N
C  K  I  J  M  N  Σ  O  Σ  Ά  Δ  H  R  A  A
O  P  A  T  Ά  Q  O  Z  Σ  O  Δ  P  Έ  K  Λ
E  C  H  B  Q  R  V  U  R  Z  I  I  Y  Q  Π
Q  R  Q  F  Z  K  Λ  Ί  Σ  T  A  U  U  D  N
```

ΠΕΡΙΤΎΛΙΓΜΑ	ΤΕΡΆΣΤΙΑ
ΟΡΑΤΆ	ΚΑΣΚΌΛ
ΈΠΕΣΕ	ΠΡΟΪΌΝ
ΠΡΆΣΙΝΟ	ΑΓΌΡΑΣΕ
ΛΙΒΆΔΙ	ΔΆΣΟΣ
ΚΈΡΔΟΣ	ΣΥΝΕΧΊΣΕΙ
ΣΤΗΝ	ΛΊΣΤΑ
ΑΛΗΘΈΣ	ΜΠΛΟΎΖΑ
ΡΟΖ	ΠΛΑΝΉΤΕΣ
ΓΡΉΓΟΡΑ	ΚΑΚΉ

Puzzle 25

```
E  T  O  K  Ά  T  O  I  K  O  Σ  Q  P  E  B
S  Λ  Σ  X  I  J  U  A  Z  M  B  W  W  N  J
I  A  Ά  X  C  K  I  Z  K  H  Ά  F  D  U  L
X  R  Λ  Φ  G  M  Λ  O  M  H  Σ  Ά  I  Δ  I
O  Ω  D  S  I  R  Έ  O  Z  T  H  Ό  Z  L  A
R  Δ  N  Z  D  A  Ξ  P  W  R  Σ  Σ  T  P  M
E  Ό  F  Έ  T  S  H  N  Ω  K  Ί  O  Π  E  Σ
Y  N  F  B  Ψ  J  H  P  T  T  M  Θ  T  K  A
K  T  U  H  Σ  E  Ί  Π  N  X  C  E  O  Έ  P
A  I  T  N  E  H  I  T  V  R  U  Γ  Ί  P  Έ
I  A  B  O  H  Θ  Ή  Σ  E  I  B  Έ  X  Δ  Π
P  A  Λ  I  E  Y  M  Ά  T  Ω  N  M  O  I  M
Ί  Θ  E  P  M  O  K  P  A  Σ  Ί  A  Σ  Σ  Y
A  Π  Ά  Λ  Y  O  T  N  E  D  Y  R  Z  E  Σ
```

ΠΊΕΣΗ   ΧΩΝΈΨΕΙ
ΒΟΗΘΉΣΕΙ   ΔΌΝΤΙΑ
ΕΛΆΦΙΑ   ΘΕΡΜΟΚΡΑΣΊΑΣ
ΚΈΡΔΙΣΕ   ΒΆΣΗΣ
ΔΙΆΣΗΜΟ   ΤΟΊΧΟ
ΜΈΓΕΘΟΣ   ΕΠΟΊΚΩΝ
ΛΆΣΟ   ΣΥΜΠΈΡΑΣΜΑ
ΛΈΞΗ   ΚΆΤΟΙΚΟΣ
ΝΤΟΥΛΆΠΑ   ΑΛΙΕΥΜΆΤΩΝ
ΕΥΚΑΙΡΊΑ   ΑΕΤΟΣ

Puzzle 26

```
Α  Π  Ο  Τ  Ε  Λ  Ο  Ύ  Μ  Ε  Ν  Η  Ε  Κ  Ζ
G  Ε  Ι  S  Β  Σ  Α  Λ  Ι  Γ  Κ  Ά  Ρ  Ι  R
Ό  Μ  Υ  Χ  Σ  Υ  Ν  Η  Θ  Ι  Σ  Μ  Έ  Ν  Ο
Q  Υ  Η  G  Ο  Τ  Η  Σ  Ε  Ρ  Ί  Α  Ξ  Ε  Κ
J  Ο  W  Χ  C  W  Φ  Μ  Α  Ύ  Ρ  Η  V  Ν  Α
Α  Ν  Ή  Σ  Υ  Χ  Ο  Ι  Ο  Η  Q  Τ  Ε  U  Τ
Δ  Ί  Β  Α  Ν  Σ  Ρ  Ρ  Φ  V  Ν  C  Σ  Ε  Α
Ι  Ε  Α  Τ  Ί  Ε  Τ  Υ  Ε  Ρ  Τ  Ν  Α  Π  Σ
Α  Τ  Μ  Ν  Ζ  Τ  Σ  Τ  Ν  Τ  Ζ  Α  Λ  Τ  Κ
Τ  Ο  Β  Ο  Χ  Έ  Ί  Ν  Ν  Υ  Ύ  Λ  Έ  Ι  Ε
Η  Ρ  Ά  Ν  F  Λ  Τ  W  Ύ  L  G  Λ  Γ  Ρ  Υ
Ρ  Π  Κ  Ή  Β  Ε  Ν  Μ  Σ  Ν  C  Ι  Α  Β  Ή
Ε  Ζ  Ι  Φ  U  Μ  Α  Ι  Ο  Π  Ά  Κ  Ε  Κ  Ν
Ί  L  Ο  Α  Ε  Ρ  Μ  Ί  Ν  Α  R  F  Τ  Μ  F
```

ΕΞΑΊΡΕΣΗ
ΚΑΛΎΤΕΡΟ
ΣΥΝΗΘΙΣΜΈΝΟ
ΑΦΉΝΟΝΤΑΣ
ΜΑΎΡΗ
ΧΥΜΌ
ΣΎΝΝΕΦΟ
ΚΑΤΑΣΚΕΥΉ
ΑΝΤΊΣΤΡΟΦΗ
ΜΕΛΈΤΕΣ

ΑΝΉΣΥΧΟΙ
ΒΑΜΒΆΚΙ
ΠΡΟΤΕΊΝΟΥΜΕ
ΑΠΟΤΕΛΟΎΜΕΝΗ
ΕΡΜΊΝΑ
ΣΑΛΙΓΚΆΡΙ
ΔΙΑΤΗΡΕΊ
ΓΕΛΑΣΕ
ΚΆΠΟΙΑ
ΠΑΝΤΡΕΥΤΕΊ

Puzzle 27

```
A  K  A  Δ  H  M  A  Ï  K  Ό  Σ  Π  Ξ  Έ  P
Z  Q  J  F  E  F  Q  N  O  H  Ά  P  Ύ  Θ  D
O  Ί  Δ  E  Π  T  Q  G  Y  B  B  Ό  Π  I  A
O  Δ  E  Π  Ί  Π  E  X  L  N  B  Θ  N  M  N
M  Σ  O  Λ  Ί  E  X  Σ  N  C  A  Y  H  O  M
Γ  X  P  N  Ό  Z  E  Σ  Ά  S  T  M  Σ  F  O
   I  O  S  T  K  N  C  Z  T  O  O  E  O  R
X  K  A  G  E  Ό  H  L  Y  A  Σ  I  I  J  K
A  B  I  T  K  G  K  Γ  N  Ώ  P  I  Z  E  K
M  R  N  G  P  V  Ί  P  E  K  E  R  Δ  M  Ά
H  B  Ό  W  D  Ό  N  M  E  P  M  L  Z  A  Θ
Λ  P  P  T  C  D  Z  M  I  M  N  E  I  C  E
Ή  N  X  N  U  D  H  N  Ά  Π  A  Δ  N  O  I
E  N  Δ  I  A  Φ  Έ  P  O  Y  Σ  A  Y  X  H
```

ΣΕΖΌΝ   ΧΡΌΝΙΑ
ΚΕΡΊ   ΓΙΑΤΡΌ
ΞΎΠΝΗΣΕ   ΟΔΟΝΤΌΚΡΕΜΑ
ΔΑΠΆΝΗ   ΈΘΙΜΟ
ΧΕΊΛΟΣ   ΣΆΒΒΑΤΟ
ΑΚΑΔΗΜΑΪΚΌ   ΠΕΔΊΟ
ΔΙΣΤΆΣΕΤΕ   ΕΠΊΠΕΔΟ
ΧΑΜΗΛΉ   ΚΆΘΕ
ΝΊΚΗ   ΕΝΔΙΑΦΈΡΟΥΣΑ
ΠΡΌΘΥΜΟΙ   ΓΝΏΡΙΖΕ

Puzzle 28

```
Χ Ά Ν Ο Ν Τ Α Ι Α Ο L R Έ Δ Ε
Ι Δ V G G L V Ο Κ Π Ι Ο Λ Ι Φ
Κ Ν Ώ Ι Ζ Ο G Ν Ο Κ Ε Χ Κ Ο Η
Ρ Υ Τ Σ Ρ J Ε Έ Λ R Γ Ο Η Ρ Μ
Α Ο V Σ Τ V Υ Μ Ο V Ύ Ρ Θ Ί Ε
Γ Ν Κ Α Ώ Ε Β Η Υ Τ Φ Έ Ρ Σ Ρ
Ι Ά F R Q Ν Ι Ι Θ Σ Μ Π Ο Ε Ί
Ό Χ Ε Ί Δ Ο Σ Ο Ί Α Α Υ Η Ι Δ
Ν Υ L Β Η Η Η Π Α Γ Α Σ Υ Q Α
Ι Ο R G Σ Ο V Ο Υ Ι L Ρ Β Υ J
Α Ν D V Ο S S Τ W Έ D L Ρ Ό Ρ
Μ Ε Γ Ά L Ε Σ Κ Ρ Ρ Q D J Ρ Σ
Α Α C Ν Έ Κ Τ Α Ρ Α Ε D Η Γ Β
D S Ε G Τ Η Ρ Τ W Ε C U C Y S
```

ΑΚΟΛΟΥΘΊΑ	ΔΙΟΡΊΣΕΙ
ΥΓΡΌ	ΙΝΤΣΏΝ
ΜΕΓΆΛΕΣ	ΠΙΟ
ΕΊΔΟΣ	ΤΈΛΟΣ
ΈΛΚΗΘΡΟ	ΕΦΗΜΕΡΊΔΑ
ΤΣΑΓΙΈΡΑ	ΤΑΚΤΟΠΟΙΗΜΈΝΟ
ΚΡΑΓΙΌΝΙΑ	ΧΆΝΟΥΝ
ΔΏΣΤΕ	ΧΆΝΟΝΤΑΙ
ΦΎΓΕΙ	ΝΈΚΤΑΡ
ΥΠΈΡΟΧΟ	ΑΣΒΌΣ

Puzzle 29

```
Α Ν Α Γ Ν Ω Ρ Ί Ζ Ο Υ Ν Χ V Χ
Π Α Π Ο Ύ Τ Σ Ι Σ Κ Ο Ύ Τ Ε Ρ
Α Ξ Ι Ο Λ Ό Γ Η Σ Η Ζ F C Χ Κ
G B W C O U K L R C V E J U Λ
Γ Ι Ι Η I F J H H Σ Α Ί Τ Σ Ε
Λ Ε Μ Ύ Ο Ρ Η Τ Α Ρ Α Π Ι Σ Ί
S Α Ν Α Π Ο Φ Α Σ Ί Σ Ε Ι Π Σ
Γ Ε Ο Ε Έ Κ Ρ Η Ξ Η Ζ Ε Ρ Ά Ι
Ά Ν Α Γ Θ Κ Η Σ Η Τ Ή Ζ Υ Σ Μ
Π Ά Ώ Α Ρ Λ Φ Ε Γ Γ Ά Ρ Ι Ε Ο
Ό Ρ Τ Μ Ε Α Ί W B Τ Ε Λ Ε Ι Ν
Ρ Τ Q Η Η Κ Φ Ω Τ Ο Υ Λ Ί Π Α
Τ Ε Τ Ο W G Η Ί Ν G V F Ο Μ Q
Α Μ R Α Τ Q Ο Τ Α Κ Έ Δ Χ Ι W
```

ΔΈΚΑΤΟ	ΦΕΓΓΆΡΙ
ΠΑΡΑΤΗΡΟΎΜΕ	ΣΚΟΎΤΕΡ
ΠΑΠΟΎΤΣΙ	ΓΕΝΕΘΛΊΩΝ
ΛΑΟΓΡΑΦΊΑ	ΓΝΏΜΗ
ΑΞΙΟΛΌΓΗΣΗ	ΣΥΖΉΤΗΣΗ
ΣΠΆΣΕΙ	ΠΌΡΤΑ
ΤΟΥΛΊΠΑ	ΕΣΤΊΑΣΗ
ΑΝΆ	ΑΠΟΦΑΣΊΣΕΙ
ΈΚΡΗΞΗ	ΜΕΤΡΆΝΕ
ΑΝΑΓΝΩΡΊΖΟΥΝ	ΚΛΕΊΣΙΜΟ

Puzzle 30

```
Π  Ρ  Α  Γ  Μ  Α  Τ  Ι  Κ  Ά  Ν  Ζ  Γ  Α  Μ
Ο  Ύ  Χ  Ή  Ν  Ω  Φ  Ύ  V  W  J  Ν  Ε  L  Π
Ε  Ο  Ν  Έ  Μ  Ω  Ν  Ο  Μ  Ο  Π  Α  Ν  Ο  Α
Α  Μ  R  W  Κ  Ο  Κ  Μ  R  U  Κ  Τ  Ν  Ρ  Λ
F  Ϊ  J  V  U  Ο  Δ  Τ  Κ  Q  L  Ό  Α  Θ  Ό
Ψ  Α  Λ  Ί  Δ  Ι  Υ  Α  Ι  C  U  Ζ  Ι  Ο  Ν
Α  Μ  Ν  J  U  Σ  Β  Ν  Ρ  F  S  Α  Ο  Γ  Ι
Η  Σ  Η  Τ  Ν  Ά  Π  Α  Έ  D  Χ  Ν  Δ  Ρ  Α
V  Ν  Κ  Κ  D  Ρ  U  V  Μ  Λ  Υ  Ι  Ω  Α  Ο
V  G  V  Τ  J  Ε  C  Ε  Ε  C  Ι  Τ  Ρ  Φ  Ι
Ρ  G  V  Α  V  Κ  Α  Π  Α  Λ  Έ  Σ  Ί  Ί  V
Π  Ί  Τ  Σ  Α  Τ  Α  Γ  Ό  Ι  Ρ  Γ  Α  Α  Β
J  Ζ  Ε  Κ  Τ  Ε  Λ  Ε  Σ  Τ  Ι  Κ  Ό  Β  Q
Μ  Α  Ν  Ι  Τ  Ά  Ρ  Ι  S  Λ  Ί  Γ  Ο  Ν  Χ
```

ΑΓΡΙΌΓΑΤΑ	ΜΠΑΛΌΝΙΑ
ΕΚΤΕΛΕΣΤΙΚΌ	ΜΑΪΜΟΎ
ΑΤΜΟΎ	ΟΡΘΟΓΡΑΦΊΑ
ΑΠΑΛΈΣ	ΜΑΝΙΤΆΡΙ
ΠΊΤΣΑ	ΑΠΟΜΟΝΩΜΈΝΟ
ΛΊΓΟ	ΦΩΝΉ
ΠΡΑΓΜΑΤΙΚΆ	ΓΕΝΝΑΙΟΔΩΡΊΑ
ΔΟΜΉ	ΚΕΡΆΣΙ
ΚΟΥΝΈΛΙ	ΑΠΆΝΤΗΣΗ
ΤΙΝΑΖΌΤΑΝ	ΨΑΛΊΔΙ

Puzzle 31

```
Ό  Ε  Ε  Μ  Φ  Ά  Ν  Ι  Σ  Η  Τ  U  Δ  Η  S
Τ  Σ  Π  Π  Ο  Λ  Ί  Τ  Η  U  G  Ή  Ι  Τ  Τ
Υ  Ο  Φ  Ι  Ε  Ν  U  Μ  Ί  Σ  Α  Ρ  Κ  D  J
Α  J  R  Ρ  Τ  Α  Χ  Λ  Ά  Δ  Ι  Π  Α  Φ  Ο
Ε  U  Υ  Ν  Η  Ρ  Α  Χ  Ά  Ζ  V  Μ  Σ  Ω  Σ
Σ  Κ  Ο  Χ  D  Σ  Έ  Β  D  V  U  Α  Τ  Σ  Τ
V  Τ  D  R  D  Η  Η  Π  L  L  Η  Λ  Ή  Ι  Ώ
Ρ  F  Ά  D  Τ  L  Ο  Μ  Ο  Γ  Ά  Π  Ρ  D  Ν
G  G  L  Θ  C  Χ  Q  Κ  Χ  Υ  Ι  J  Ι  F  Κ
Ρ  S  D  Χ  Η  Υ  Τ  Β  W  R  Ν  Ε  Ο  R  Υ
Η  Σ  Α  Δ  Έ  Κ  Σ  Α  Ι  Δ  C  J  Ε  S  J
C  Υ  Ζ  L  Ο  Ι  Ε  Τ  Έ  Π  Ε  Ζ  V  Χ  J
Κ  Ο  U  Κ  Ο  Υ  Β  Ά  Γ  Ι  Α  Ν  Υ  Μ  Ά
Ε  Π  Ι  Λ  Έ  Ξ  Ε  Τ  Ε  S  Σ  Ο  Κ  Χ  Μ
```

ΔΙΑΣΚΈΔΑΣΗ
ΕΠΙΛΈΞΕΤΕ
ΑΧΛΆΔΙ
ΆΜΥΝΑ
ΕΠΈΤΕΙΟ
ΠΟΛΊΤΗ
ΚΟΥΚΟΥΒΆΓΙΑ
ΟΣΤΩΝ
ΕΠΙΤΡΈΠΟΥΝ
ΕΑΥΤΟ

ΛΑΜΠΡΉ
ΕΜΦΆΝΙΣΗ
ΣΟΚ
ΖΆΧΑΡΗ
ΔΙΚΑΣΤΉΡΙΟ
ΠΆΓΟ
ΦΩΣ
ΌΣΦΡΗΣΗ
ΣΤΆΘΗΚΕ
ΚΡΑΣΊ

Puzzle 32

```
Ά  Τ  Ν  Ο  Κ  Τ  Q  R  C  Ι  Χ  Κ  Π  Ν  Κ
Υ  Η  Ν  Π  R  Λ  Ε  Ι  Β  Ο  Ζ  Ά  Λ  W  Ο
Ι  W  Υ  Ο  Χ  Α  Ί  Τ  Ζ  Ν  Ι  Θ  Ύ  U  Υ
Ο  D  Ο  Ί  V  Η  Ζ  Σ  Α  Έ  Ε  Ι  Σ  V  Ν
Κ  Ε  Ζ  Ω  Τ  R  Ω  Έ  Η  Μ  Ζ  Σ  Ι  Σ  Ι
Κ  Ά  Ί  Ν  L  Ο  Ο  Ρ  W  Σ  Έ  Ε  Μ  Υ  Έ
Α  Ν  Ν  D  L  R  Τ  Η  Β  Α  Ι  Ν  Ο  Ρ  Μ
Μ  Ι  Α  Ο  W  F  Ρ  Μ  Η  Ν  Π  Υ  Η  Τ  Α
Π  Β  Φ  Ν  Υ  Ν  Ο  Λ  Χ  Ι  Μ  Τ  Ρ  Ά  Ι
Ί  Η  Μ  Π  Η  Ν  Φ  Ο  Ρ  Ε  Υ  Α  Η  Ρ  Ο
Ν  Κ  Ε  Υ  Ζ  Α  Ώ  Τ  Ο  Π  Σ  Α  Ι  Ι  V
Α  Χ  Ε  Ξ  Ν  Ν  S  Β  Ή  Μ  Α  U  U  Χ
Σ  Ο  F  Έ  G  Υ  Π  Ο  Λ  Ο  Γ  Ι  Σ  Μ  Ό
Α  Φ  Ο  Ρ  Ο  Ύ  Ν  Φ  Ά  Λ  Α  Ι  Ν  Α  Ο
```

ΚΟΥΝΙΈΜΑΙ	ΠΕΙΝΑΣΜΈΝΟΙ
ΈΞΥΠΝΟ	ΖΩΟΤΡΟΦΏΝ
ΤΕΤΑΜΈΝΗ	ΑΦΟΡΟΎΝ
ΠΛΎΣΙΜΟ	ΣΥΡΤΆΡΙ
ΚΟΝΤΆ	ΚΆΝΟΥΝ
ΚΛΊΣΗ	ΣΥΜΠΙΈΖΕΙ
ΤΟΛΜΗΡΈΣ	ΦΆΛΑΙΝΑ
ΟΠΟΊΩΝ	ΕΜΦΑΝΊΖΟΥΝ
ΒΉΜΑ	ΚΑΜΠΊΝΑΣ
ΚΆΘΙΣΕ	ΥΠΟΛΟΓΙΣΜΌ

Puzzle 33

```
Α  Π  Ρ  W  Τ  Β  Α  Σ  Ι  Λ  Ι  Ά  Σ  Κ  Δ
Μ  Ε  Α  Κ  Μ  W  Χ  V  Α  Π  Λ  Ώ  Σ  G  I
Σ  Α  Ρ  Ρ  Α  Μ  Ό  Κ  Ο  Σ  Ο  Ν  Κ  Ν  Κ
Ι  Ύ  Έ  Ο  Τ  Τ  Σ  Υ  Λ  Λ  Ο  Γ  Ή  Σ  Η
Λ  Ρ  Ν  J  Π  Ί  Α  Μ  Ύ  Κ  Ν  Λ  Ι  Ο  Γ
Ύ  Ι  Ο  Κ  G  Λ  Δ  Σ  R  Μ  Τ  Ε  Κ  Χ  Ό
Ρ  Ο  Χ  C  G  Α  Ά  Α  Κ  Α  U  Ρ  Τ  Ό  Ρ
Γ  Ν  Λ  U  J  Μ  Ι  Ν  J  Ε  J  Χ  U  Τ  Ο
Η  Τ  Ο  Β  Ε  Ε  Δ  R  Ο  V  Ύ  Ε  Q  Σ  Σ
Λ  L  Ύ  S  Χ  Ε  Ο  Ά  C  Χ  Χ  Α  C  Ι  L
Ά  Ε  Ν  U  Ν  J  Π  Λ  L  C  Η  C  Σ  Τ  Q
Γ  D  Χ  Μ  Ε  Γ  Α  Λ  Ώ  Σ  Ε  Ι  Ε  Μ  Β
Ε  Ξ  Έ  Τ  Α  Σ  Η  Ο  Ώ  Θ  Η  Σ  Η  L  Α
Μ  Έ  Σ  Π  Α  Σ  Ε  Π  Q  Ν  Q  Ι  Ο  Μ  Ρ
```

ΚΑΤΑΣΚΕΎΑΣΜΑ	ΕΞΈΤΑΣΗ
ΑΕΡΟΠΛΆΝΟ	ΣΥΛΛΟΓΉΣ
ΈΣΠΑΣΕ	ΔΙΚΗΓΌΡΟΣ
ΝΟΣΟΚΌΜΑ	ΑΠΛΏΣ
ΠΟΔΙΆ	ΆΥΡΙΟ
ΜΕΓΑΛΏΣΕΙ	ΏΘΗΣΗ
ΜΕΓΆΛΗ	ΒΑΣΙΛΙΆΣ
ΚΎΜΑ	ΕΝΟΧΛΟΎΝ
ΠΑΡΤΊΔΑ	ΓΡΎΛΙΣΜΑ
ΣΤΟΧΟΣ	ΠΟΛΛΆ

Puzzle 34

```
Ε  Λ  Δ  Η  Μ  Ο  Φ  Ι  Λ  Ε  Ί  Σ  C  M  V
Η  Λ  Ι  Ι  Ι  Ζ  Κ  Π  Ε  Κ  Ν  Ε  Κ  Η  Ζ
F  Ψ  Έ  Ώ  R  C  Ν  Ε  Π  Α  Χ  D  Ο  Σ  Ζ
Ν  Υ  Υ  Φ  Σ  G  Ν  Λ  Ι  Τ  F  Ε  Α  Η  Ν
Υ  Μ  Ρ  Ρ  Α  Ε  Υ  Ά  Χ  Ά  F  Τ  Σ  Ρ  Ι
Ο  Ε  Χ  Ν  Κ  Ν  Ι  Τ  Ε  Σ  Μ  Ε  Φ  Τ  Α
Σ  L  U  W  Ζ  Ό  Τ  Η  Ί  Τ  Η  Ν  Ά  Έ  Π
Ή  Η  J  Χ  Q  G  Π  Α  Ρ  Α  Σ  Ί  Λ  Μ  Ο
Τ  Ε  Λ  Ε  Ί  Ω  Μ  Α  Η  Σ  Η  Ρ  Ε  Ε  Β
Α  Ι  Σ  Χ  Ύ  Ο  Υ  Ν  Σ  Η  Μ  Κ  Ι  Ρ  Λ
Μ  Τ  Α  Ι  Ν  Ί  Α  D  Η  D  Ί  Γ  Α  Ι  Ή
Α  Ί  Σ  Α  Ρ  Γ  Υ  Ι  Β  Ά  Τ  Υ  Ο  Κ  Τ
Τ  Π  Α  Ξ  Ι  Μ  Ά  Δ  Ι  S  Κ  Σ  R  Έ  Ω
Σ  Υ  C  Ι  C  S  C  Κ  Μ  W  Ε  Ρ  Η  Σ  Ν
```

ΔΗΜΟΦΙΛΕΊΣ	ΠΑΞΙΜΆΔΙ
ΣΥΓΚΡΊΝΕΤΕ	ΙΣΧΎΟΥΝ
ΜΕΡΙΚΈΣ	ΑΣΦΆΛΕΙΑ
ΜΈΤΡΗΣΗ	ΕΚΤΊΜΗΣΗ
ΠΕΛΆΤΗ	ΣΤΑΜΑΤΉΣΟΥΝ
ΚΑΤΆΣΤΑΣΗ	ΚΟΥΤΆΒΙ
ΑΠΟΒΛΉΤΩΝ	ΑΠΌΚΡΥΨΗ
ΛΙΏΣΕΙ	ΤΕΛΕΊΩΜΑ
ΤΑΙΝΊΑ	ΕΠΙΧΕΊΡΗΣΗ
ΕΛΈΦΑΝΤΑ	ΥΓΡΑΣΊΑ

Puzzle 35

```
T  X  A  Z  A  N  Ω  E  Σ  Ά  Φ  O  Π  A  Θ
B  J  Π  P  F  F  Ά  Π  O  Ψ  H  Z  Λ  V  A
X  N  Ό  Y  R  C  P  A  C  M  Ό  L  A  E  N
Σ  E  Σ  C  T  X  F  S  O  M  K  R  T  H  A
Ή  F  T  B  I  E  Ψ  Ά  P  Γ  I  P  E  Π  T
M  Έ  A  A  Π  O  Y  Λ  I  Ά  X  H  Ί  I  H
E  X  Σ  M  T  Π  Π  E  M  G  A  M  A  O  Φ
P  O  H  H  O  E  Έ  A  A  J  N  V  M  Λ  Ό
A  Y  D  Λ  I  T  Z  N  X  K  O  K  Γ  Ό  P
P  N  A  B  Q  Ί  Ί  S  Ύ  M  O  Ί  Π  A
Έ  L  B  Ό  U  E  Y  B  J  E  Y  P  E  Y  P
M  S  W  P  H  Π  E  D  O  W  R  Ά  M  T  H
H  Q  V  Π  G  E  M  P  J  N  C  K  C  Q  A
W  C  A  N  Ά  Π  T  Y  Ξ  H  I  I  W  P  Z
```

ΆΠΟΨΗ   ΑΠΟΦΆΣΕΩΝ
ΗΜΈΡΑ   ΜΕΊΓΜΑ
ΠΟΥΛΙΆ   ΜΟΝΑΧΙΚΌ
ΠΕΡΙΓΡΆΨΕΙ   ΈΧΟΥΝ
ΑΝΆΠΤΥΞΗ   ΠΑΧΎ
ΘΑΝΑΤΗΦΌΡΑ   ΑΠΌΣΤΑΣΗ
ΠΡΌΒΛΗΜΑ   ΠΕΊΤΕ
ΥΠΌΛΟΙΠΗ   ΜΟΤΊΒΟ
ΠΈΝΤΕ   ΣΉΜΕΡΑ
ΠΛΑΤΕΊΑ   ΚΟΡΆΚΙ

Puzzle 36

```
Τ  Κ  Τ  J  G  W  E  E  Ξ  Ά  Π  Λ  Ω  Σ  Η
Υ  Ό  Ε  Κ  Η  Θ  Ν  Ά  Θ  Σ  Ι  Α  S  Ε  D
Γ  Κ  V  Π  Β  Β  Α  Π  Α  Ρ  Ά  Θ  Υ  Ρ  Ο
Ρ  Κ  W  Λ  F  R  Λ  U  Μ  F  Ι  S  Q  Δ  Θ
Ώ  Ι  G  Ά  R  Υ  Λ  Ε  Τ  Q  Τ  Ν  Β  Η  Ε
Ν  Ν  Η  Κ  Ρ  R  Α  V  Κ  S  Ω  Α  W  Μ  Ρ
Ρ  Ο  Α  Α  Q  W  Κ  D  U  J  Φ  Χ  Ζ  Ό  Α
Α  Σ  Α  Ί  Σ  Η  Τ  Κ  Ο  Ι  Δ  Ι  Q  Σ  Π
Δ  Ρ  U  Ν  Ι  Τ  Ι  Ρ  Ί  Α  Χ  Α  Μ  Ι  Ε
Ι  Έ  Κ  G  L  W  Κ  S  Η  Ν  Χ  Ά  Ρ  Α  Ί
Π  Ρ  F  Ε  S  U  Έ  Ρ  Q  Q  Έ  J  Σ  Σ  Α
Λ  Θ  R  Χ  Τ  Ν  Σ  Ε  F  Q  Ε  Ο  Ε  Α  U
Ή  Ε  F  L  Ρ  Έ  Ό  Φ  Ε  Λ  Ο  Σ  Υ  V  Σ
Σ  Ι  Ν  L  Ι  Β  Σ  Φ  Υ  Σ  Ι  Κ  Ή  Σ  F
```

ΔΙΠΛΉΣ	ΣΑΣ
ΝΈΟΥΣ	ΑΡΚΕΤΈΣ
ΕΝΑΛΛΑΚΤΙΚΈΣ	ΈΡΘΕΙ
ΚΌΚΚΙΝΟ	ΜΑΧΑΊΡΙ
ΘΕΡΑΠΕΊΑ	ΠΛΆΚΑ
ΙΔΙΟΚΤΗΣΊΑΣ	ΠΑΡΆΘΥΡΟ
ΑΡΆΧΝΗ	ΌΦΕΛΟΣ
ΔΗΜΌΣΙΑΣ	ΑΙΣΘΆΝΘΗΚΕ
ΥΓΡΏΝ	ΕΞΆΠΛΩΣΗ
ΦΥΣΙΚΉ	ΦΩΤΙΆ

Puzzle 37

```
Α  Α  Ί  Γ  Ο  Λ  Ο  Μ  Θ  Α  Β  Σ  Ε  Π  Β
Ν  Π  Π  Γ  Ά  Ι  Δ  Α  Ρ  Ο  Υ  Η  Υ  Λ  Ο
Α  R  Ό  Α  Α  R  Ε  C  Ρ  J  Α  Μ  Π  Η  Ο
Τ  Υ  Μ  Δ  Ζ  Έ  Β  S  F  F  Ν  Ε  Ρ  Ρ  Ε
Σ  Μ  Σ  Ε  Ο  Η  Θ  J  C  Η  Ή  Ι  Ό  Ο  Ι
Ά  Ρ  Υ  Ρ  R  Σ  Τ  Ν  Ο  Α  Κ  Ω  Σ  Φ  Δ
Κ  Η  Θ  Ώ  Β  W  Η  Ο  Ο  W  Ο  Μ  Δ  Ο  Ώ
U  Ύ  Η  Τ  W  Q  G  Κ  Ύ  Σ  Υ  Α  Ε  Ρ  Ν
F  Ο  Λ  Η  Ρ  Ή  Λ  Π  U  Ν  Ν  Τ  Κ  Ί  D
G  Κ  Π  Σ  Μ  Ε  Γ  Ά  Λ  Α  Κ  Ά  Τ  Ε  Ζ
Β  Λ  J  Η  J  Β  Υ  F  J  L  G  Ρ  Η  Σ  C
Τ  Α  Ί  Ξ  Η  Λ  Α  Τ  Α  Κ  Ο  Ι  Ο  Μ  Ο
Υ  Χ  Ε  Ξ  Α  Σ  Κ  Ο  Ύ  Ν  Μ  Ο  S  F  T
Κ  Ο  Ι  Ν  Ή  Κ  Α  Λ  Π  Α  Σ  Μ  Ό  Σ  R
```

ΒΑΘΜΟΛΟΓΊΑ
ΑΠΌΔΟΣΗ
ΧΑΛΚΟΎ
ΒΟΟΕΙΔΏΝ
ΕΡΏΤΗΣΗ
ΜΕΓΆΛΑ
ΑΝΑΖΗΤΟΎΝ
ΚΑΛΠΑΣΜΌΣ
ΟΜΟΙΟΚΑΤΑΛΗΞΊΑ
ΓΆΙΔΑΡΟ

ΠΛΗΡΟΦΟΡΊΕΣ
ΈΘΝΟΣ
ΣΗΜΕΙΩΜΑΤΆΡΙΟ
ΚΆΣΤΑΝΑ
ΕΥΠΡΌΣΔΕΚΤΗ
ΠΛΉΡΗ
ΚΟΙΝΉ
ΕΞΑΣΚΟΎΝ
ΠΛΗΘΥΣΜΌ
ΑΝΉΚΟΥΝ

Puzzle 38

```
T  P  N  X  N  H  A  P  A  Σ  K  U  Y  Π  T
Ό  S  H  Ω  Z  A  I  I  Λ  Ύ  A  A  T  O  O
K  Ά  M  E  P  A  Z  K  E  N  Θ  D  M  Λ  I
I  B  I  P  J  Ό  Q  Ά  Π  T  Ή  B  S  Y  X
Δ  L  Σ  Y  O  Y  Π  N  O  O  K  P  Y  T  O
T  G  Ί  W  M  E  J  A  Ύ  M  O  O  A  E  Γ
V  I  P  A  J  G  E  Π  Σ  H  N  A  Y  Λ  P
G  Z  K  E  K  T  G  A  W  T  Y  E  T  E  A
B  A  T  Ό  M  O  Y  P  O  P  Έ  L  Ί  Ί  Φ
I  E  M  Ί  E  N  A  I  Δ  C  N  P  E  A  Ί
C  I  M  H  Σ  A  P  Δ  Ί  T  N  A  I  Σ  A
R  F  A  P  Θ  H  N  X  Έ  T  I  Λ  Λ  A  K
Z  T  E  Ά  V  Ά  K  I  T  O  Λ  I  Π  V  J
L  H  D  X  B  A  M  H  N  Ύ  O  K  G  C  M
```

ΚΑΛΛΙΤΈΧΝΗ   ΤΟΙΧΟΓΡΑΦΊΑ
ΚΆΜΕΡΑ   ΑΣΤΈΡΙΑ
ΚΑΘΉΚΟΝ   ΑΝΤΊΔΡΑΣΗ
ΑΥΤΊ   ΠΙΛΟΤΙΚΆ
ΠΟΛΥΤΕΛΕΊΑΣ   ΚΟΎΝΗΜΑ
ΡΑΠΑΝΆΚΙ   ΠΌΡΩΝ
ΔΙΚΌ   ΑΛΕΠΟΎ
ΣΎΝΤΟΜΗ   ΧΆΡΗ
ΔΙΑΝΕΊΜΕΙ   ΒΑΤΟΜΟΥΡΟ
ΚΡΊΣΙΜΗ   ΜΆΘΗΜΑ

Puzzle 39

```
M  E  P  Γ  A  Λ  E  Ί  O  Έ  F  U  G  N  L
W  E  A  P  Έ  N  A  R  F  Ξ  O  N  D  F  M
Ή  E  T  Ί  E  P  O  Π  M  I  M  Q  Σ  K  L
M  Θ  H  A  E  Y  K  O  Λ  Ί  A  J  Y  Π  M
H  T  A  P  P  A  I  Λ  Ύ  O  P  A  M  A  O
T  C  N  T  P  P  A  Ό  P  A  T  O  B  P  I
P  C  E  E  Σ  N  Ύ  M  W  Z  H  E  O  A  K
I  G  M  K  E  A  F  Θ  Π  J  Y  V  Ύ  K  O
K  N  Ώ  Y  H  Z  M  N  M  A  C  O  Λ  A  N
Ή  Ό  N  A  T  N  Ϊ  A  M  I  Λ  G  I  Λ  O
O  E  H  T  E  N  Ά  U  F  P  Σ  Ό  O  Ώ  M
Π  O  Δ  O  Σ  Φ  A  Ί  P  O  Y  H  N  X  Ί
Δ  I  A  Δ  I  K  A  Σ  Ί  A  K  O  T  I  A
A  Γ  Ω  N  I  Σ  T  I  K  Ό  E  Y  J  R  D
```

МПАΛΌΝΙ   ΑΌΡΑΤΟ
ΑΣΤΑΘΉ   ΜΕΤΑΡΡΎΘΜΙΣΗ
ΑΝΕΜΏΝΗ   ΜΑΪΝΤΑΝΌ
ΣΥΜΒΟΎΛΙΟ   ΟΙΚΟΝΟΜΊΑ
ΔΙΑΔΙΚΑΣΊΑ   ΑΓΩΝΙΣΤΙΚΌ
ΈΞΙ   ΠΟΔΟΣΦΑΊΡΟΥ
ΕΡΓΑΛΕΊΟ   ΜΠΟΡΕΊΤΕ
ΆΝΕΤΗ   ΜΗΤΡΙΚΉ
ΠΑΡΑΚΑΛΏ   ΜΑΡΟΎΛΙ
ΕΥΚΟΛΊΑ   ΑΡΈΝΑ

Puzzle 40

```
J  P  E  U  R  A  Δ  E  I  Ά  Σ  E  I  T  T
Υ  Q  X  Λ  Θ  P  A  Ύ  Σ  H  Σ  X  S  Έ  Q
U  G  K  Y  E  I  A  I  Π  A  Ύ  Σ  H  N  K
A  Ή  J  B  H  Y  N  Q  Σ  Ά  I  T  I  I  Λ
Ξ  Γ  K  P  I  Σ  Θ  K  O  Ύ  F  W  H  Σ  E
Ί  Y  D  A  Δ  I  A  E  B  A  N  H  T  P  I
Z  A  Z  P  Ύ  Ω  O  E  P  H  P  O  O  E  Δ
E  P  I  E  Σ  Π  R  J  Ύ  Ί  B  M  P  J  A
I  K  Z  K  K  Ή  D  W  Y  K  A  V  Z  A  P
K  D  N  C  O  J  Σ  K  I  U  O  X  R  N  I
O  U  Y  R  Λ  J  J  H  Ψ  M  Ά  Λ  K  Ό  Ά
U  B  M  T  A  I  I  F  W  W  U  U  O  Λ  U
Π  P  O  E  T  O  I  M  A  Σ  Ί  A  B  E  P
K  Ό  M  Π  O  E  Π  Έ  N  Δ  Y  Σ  H  B  Υ
```

ΕΎΚΟΛΟ   ΕΛΕΥΘΕΡΊΑ
ΙΤΙΆΣ   ΣΚΙ
ΑΞΊΖΕΙ   ΠΡΟΕΤΟΙΜΑΣΊΑ
ΚΡΑΥΓΉ   ΕΠΈΝΔΥΣΗ
ΠΑΎΣΗ   ΔΎΣΚΟΛΑ
ΛΆΜΨΗ   ΚΌΜΠΟ
ΣΎΝΟΡΑ   ΓΚΡΙ
ΘΡΑΎΣΗΣ   ΤΈΝΙΣ
ΣΙΩΠΉ   ΒΕΛΌΝΑ
ΑΔΕΙΆΣΕΙ   ΚΛΕΙΔΑΡΙΆ

Puzzle 41

```
R  Π  Σ  Q  D  B  K  Z  W  Q  Ί  L  Y  W  F
Λ  Α  Ε  Ω  Α  Δ  Ί  Λ  Ε  Σ  Ο  Τ  Σ  Ι  Τ
Η  Ρ  Μ  Θ  Μ  J  Σ  Υ  Ν  Ε  Ρ  Γ  Ά  Τ  Η
Σ  Α  Π  Ε  Μ  Α  V  Ε  L  Ε  Ψ  U  B  Z
Τ  Μ  Ο  Ω  Ά  Κ  Τ  Τ  Η  Σ  Χ  Ά  V  Α  W
Έ  Έ  Ρ  Ρ  Σ  Ε  F  Ι  V  V  Υ  Ρ  B  D  G
Ψ  Ν  Ι  Ί  Κ  Δ  Z  O  Δ  Α  Τ  Ι  Ή  C  E
Ε  Ο  Κ  Α  Α  Ώ  U  Ρ  C  Ί  R  Α  Ρ  Μ  Κ
Ι  Υ  Ή  Α  Υ  Δ  Μ  Η  V  D  Ω  L  Θ  Α  Α
Ο  Ν  U  Ε  Ρ  Ά  Ι  Λ  Η  Π  Σ  Ν  Ε  Μ  Π
Q  Ι  Ε  Ν  Ί  Ε  Τ  Κ  Ε  Π  Ε  Ί  Μ  Ά  Ν
Υ  Α  D  Ι  Ε  Ε  W  Ό  Q  Η  W  Ε  Ρ  D  O
U  Ν  Ε  Υ  W  Τ  Η  Λ  Ε  Ό  Ρ  Α  Σ  Η  Ύ
C  Ρ  Ο  Τ  Μ  Κ  Ν  Ο  Η  F  W  Κ  J  Μ  B
```

ΙΣΤΟΣΕΛΊΔΑ   ΟΛΌΚΛΗΡΟ
ΤΗΛΕΌΡΑΣΗ   ΤΗΣ
ΘΕΩΡΊΑ   ΜΆΣΚΑ
ΠΑΡΑΜΈΝΟΥΝ   ΕΠΕΚΤΕΊΝΕΙ
ΔΏΔΕΚΑ   ΣΥΝΕΡΓΆΤΗ
ΣΠΗΛΙΆ   ΤΥΧΕΡΟΊ
ΕΜΠΟΡΙΚΉ   ΉΡΘΕ
ΚΑΠΝΟΎ   ΛΗΣΤΕΨΕΙ
ΨΆΡΙΑ   ΜΑΜΆ
ΣΩΜΑΤΙΔΊΩΝ   ΚΑΕΊ

Puzzle 42

```
Λ  R  Α  Π  Ο  Ρ  Ρ  Ο  Φ  Ή  Σ  Ε  Ι  Κ  Ο
Έ  Χ  Ι  Ο  Ν  Ο  Σ  Τ  Ι  Β  Ά  Δ  Α  Σ  Γ
Π  Ο  Α  Ε  Γ  Γ  Ρ  Α  Φ  Ή  Σ  Ρ  Υ  Η  Έ
Τ  Ο  Χ  V  W  Ο  J  Ι  Η  Ι  Κ  Ο  Υ  Q  Λ
Ή  Υ  Ρ  Ε  Ζ  Τ  Ν  Ί  Ζ  Τ  Κ  Λ  Π  Κ  Ι
Α  Ν  Ώ  Μ  Ι  Ε  Χ  Β  Q  L  Ι  Ί  Ε  Ύ  Ο
Ε  Ι  Ε  Ξ  Ά  Ρ  Α  Τ  Α  Ι  Δ  Φ  Ε  Σ  Τ
Λ  Α  Η  J  V  Β  Ό  Κ  Λ  Ο  Υ  Β  Ί  Α  Ε
Π  Υ  Q  Υ  S  L  Π  Τ  Χ  Ν  Ι  Τ  Ά  Μ  Μ
Ί  Γ  J  R  Κ  Ι  Α  Β  Ε  Υ  Ζ  F  G  Π  Π
Δ  Ό  Ν  Χ  W  Ζ  Ρ  V  Β  Ρ  Ν  G  Ι  Ο  Ό
Α  Υ  D  R  Κ  U  Α  F  Ζ  V  Η  Υ  L  Υ  Ρ
Σ  Q  V  Β  Ί  Σ  Ο  Ν  Ε  Σ  L  W  Ρ  Ά  Ι
Σ  Κ  Ο  Τ  Ε  Ι  Ν  Ό  Ζ  Ν  Β  J  C  Ν  Ο
```

ΕΓΓΡΑΦΉΣ	ΕΜΠΌΡΙΟ
ΓΈΛΙΟ	ΛΕΠΤΉ
ΔΙΑΤΑΡΆΞΕΙ	ΣΑΜΠΟΥΆΝ
ΑΥΓΌ	ΤΖΊΝΤΖΕΡ
ΒΊΣΟΝΕΣ	ΜΆΤΙ
ΕΛΠΊΔΑΣ	ΧΙΟΝΟΣΤΙΒΆΔΑΣ
ΑΠΌ	ΚΛΟΥΒΊ
ΦΊΛΟ	ΣΚΟΤΕΙΝΌ
ΤΎΠΟΣ	ΧΕΙΜΏΝΑ
ΧΕΙΡΌΤΕΡΗ	ΑΠΟΡΡΟΦΉΣΕΙ

Puzzle 43

```
A  W  E  T  W  K  K  Π  Z  V  N  H  B  Π  Φ
F  N  B  Δ  B  C  K  Έ  T  Ά  R  R  A  A  Υ
T  K  Ό  E  Έ  G  S  N  I  K  I  I  P  N  Λ
Δ  A  D  H  I  N  M  E  F  I  C  X  P  T  A
R  I  W  W  T  N  T  Σ  F  Δ  N  Υ  V  O  K
G  X  A  J  B  H  Ψ  P  Σ  A  N  Ή  X  Ύ  Ή
Ή  E  Σ  D  S  Έ  Σ  O  K  Ύ  Λ  E  E  Γ
Γ  J  D  L  K  Z  M  A  K  E  N  E  K  Π  E
Ω  B  C  Q  F  E  A  M  Ό  Δ  M  D  K  Ί  N
Γ  Σ  X  Ή  M  A  Δ  T  P  T  W  Z  Λ  Σ  I
A  X  Υ  P  Ώ  N  A  Ά  K  F  V  B  H  H  K
Σ  Ω  Λ  Ή  N  A  U  U  Σ  N  O  X  Σ  M  Ή
I  K  A  P  Δ  O  Ύ  Λ  A  E  G  K  Ί  A  L
E  L  Z  H  L  I  A  P  D  B  I  Q  A  X  B
```

ΕΠΊΣΗΜΑ	ΓΕΝΙΚΉ
ΕΙΣΑΓΩΓΉ	ΔΕΚΑΔΙΚΆ
ΠΑΝΤΟΎ	ΣΧΉΜΑ
ΕΚΚΛΗΣΊΑ	ΜΑΣ
ΑΝΌΗΤΗ	ΣΩΛΉΝΑ
ΛΎΚΟΣ	ΔΈΝΤΡΟ
ΧΉΝΑΣ	ΑΧΥΡΏΝΑ
ΨΈΜΑ	ΚΑΡΔΟΎΛΑ
ΠΈΝΕΣ	ΦΥΛΑΚΉ
ΚΡΌΚΟΣ	ΔΙΑΣΚΕΔΆΣΕΙ

Puzzle 44

```
Ο  C  A  C  Ή  Κ  Ι  Τ  Σ  Ι  Τ  Ι  Λ  Ο  Π
Ί  Ν  Ι  Ρ  Τ  Υ  Ν  Ρ  Ε  Α  Λ  Ο  Τ  Α  Ο
Ο  F  Τ  Τ  Ζ  Ρ  Ο  W  Ν  Π  Ε  F  Η  Π  W
Λ  Ο  Ν  Ι  S  Ί  Μ  Υ  Ε  Ο  Μ  Η  Λ  Ό  Ε
Π  Ι  Ά  Ρ  Σ  Α  Ε  Q  Μ  Κ  Ο  Ζ  Έ  Δ  Μ
Π  Ρ  Γ  Α  V  Ι  Ρ  Χ  Ό  Α  Ν  V  Φ  Ε  Π
G  Ρ  Ό  Q  J  Β  Ό  F  Χ  Λ  Ά  C  Ω  Ι  Ε
R  G  Ώ  Σ  W  A  Η  Ν  Ε  Ύ  Δ  Σ  Ν  Ξ  Ι
G  Ρ  Ε  Τ  Κ  Β  Ο  J  Ν  Π  Α  Τ  Ο  Η  Ρ
Τ  Ύ  Χ  Η  Α  Λ  Q  Η  Υ  Τ  F  Ε  Ι  Ξ  Ί
Β  Α  Μ  Π  Ί  Ρ  Η  Ε  Σ  Ο  J  Ν  Π  Ι  Α
Σ  Ο  Ρ  Υ  Ο  Ί  Κ  Σ  Κ  Υ  J  Ό  Ά  Ο  Σ
Ι  Μ  Χ  Υ  Τ  Ν  Τ  Ζ  Η  Ν  Q  J  Σ  Ν  Ν
Ή  Κ  Ι  Γ  Η  Τ  Α  Ρ  Τ  Σ  J  Ε  U  Ά  Ζ
```

ΤΗΛΈΦΩΝΟ
ΣΤΕΝΌ
ΠΡΌΣΚΛΗΣΗΣ
ΛΕΜΟΝΆΔΑ
ΣΆΠΙΟ
ΠΡΏΤΑ
ΟΝΤΙΣΙΌΝ
ΕΜΠΕΙΡΊΑΣ
ΣΚΊΟΥΡΟΣ
ΑΠΌΔΕΙΞΗ

ΣΤΡΑΤΗΓΙΚΉ
ΓΆΝΤΙΑ
ΣΥΝΕΧΌΜΕΝΕΣ
ΆΝΟΙΞΗ
ΠΟΛΙΤΙΣΤΙΚΉ
ΒΑΜΠΊΡ
ΤΎΧΗ
ΚΥΡΊΑ
ΠΛΟΊΟ
ΑΠΟΚΑΛΎΠΤΟΥΝ

Puzzle 45

```
Χ Η Α Α G Ά Ζ C Η Κ Ι Α Ρ Σ G
Ρ Σ Ρ Ι Ό Ρ Ή Η U Α Υ Σ Α Υ Φ
Έ Ε Τ G Κ Θ Τ C J T U T Δ Ζ Ι
Ω Ο Τ Ή Υ Ρ Η Ε Η Α D Ε Ι Η Λ
Σ Ε Κ Ώ Λ Α Σ C Ά Σ C Ί Ό Τ Ο
Η Τ L Ρ Γ Η Ε J Ρ Τ Δ Ο Φ Ή Δ
Β Ε Λ Α Ν Ί Δ Ι Α Ρ Ρ Π Ω Σ Ο
Ε Σ W Χ R Ρ S Ν Σ Έ Α Ρ Ν Ο Ξ
Ν Ώ Τ Γ Β Ν Ο Η Τ Ψ Μ Ό Ο Υ Ί
Ε Ρ Χ Υ Ο S V Κ Α Ε Α Σ Μ Ν Α
Ρ Α Ε Σ J Ν Ο Ε Κ Ι Τ Φ S Β Μ
Γ Λ Μ Ε Τ Α Φ Ο Ρ Ά Ι Α Ζ Ο Ν
Ό Α Τ Ά Μ Ο Τ Ν Α Χ Κ Τ Ρ D Ζ
W Χ Α Ρ Γ Ό Τ Ε Ρ Α Ή Α Υ Κ Χ
```

ΑΣΤΕΊΟ
ΧΡΈΩΣΗ
ΔΡΑΜΑΤΙΚΉ
ΕΝΕΡΓΌ
ΣΥΖΗΤΉΣΟΥΝ
ΖΉΤΗΣΕ
ΝΤΟΜΆΤΑ
ΚΑΤΑΣΤΡΈΨΕΙ
ΧΑΛΑΡΏΣΕΤΕ
ΓΛΥΚΌ

ΆΡΘΡΑ
ΚΑΤΣΑΡΆ
ΑΡΓΌΤΕΡΑ
ΡΑΔΙΌΦΩΝΟ
ΦΙΛΟΔΟΞΊΑ
ΒΕΛΑΝΊΔΙΑ
ΣΤΉΛΗ
ΠΡΌΣΦΑΤΑ
ΣΥΓΧΑΡΏ
ΜΕΤΑΦΟΡΆ

Puzzle 46

```
Ε  Λ  Ι  Κ  Ό  Π  Τ  Ε  Ρ  Ο  Ε  Π  C  Α  Τ
Η  Α  Κ  Α  Ρ  Ά  Χ  Κ  Υ  Σ  Π  Ρ  Μ  Π  Ε
Ε  Β  Κ  W  C  Υ  Α  Ο  U  Κ  Ι  Α  Χ  Ο  Ρ
Α  Θ  Α  Α  Ν  Κ  Ρ  Ρ  Κ  Έ  Σ  Γ  Ο  Λ  Ά
Σ  Ι  Ν  Υ  F  Α  Ο  Μ  Α  Φ  Τ  Μ  Ι  Α  Σ
Τ  Υ  Α  Ι  R  C  Ύ  Ό  Τ  Τ  Ή  Α  Κ  Ύ  Τ
Ρ  Σ  Ν  Τ  Κ  U  Μ  Α  Α  Ο  Μ  Τ  Ο  Σ  Ι
Ύ  Τ  Ό  Έ  Ο  Ή  Ε  Α  Δ  Ν  Ο  Ι  Γ  Ε  Ο
Ο  Ο  Ρ  Τ  Ν  Ά  Ν  Ζ  Ί  Τ  Ν  Κ  Έ  Τ  Κ
Β  Μ  Θ  Ί  Η  Τ  Α  Χ  Ω  Α  Α  Ό  Ν  Ε  Ε
Ρ  Ά  Υ  Γ  Μ  Υ  Ε  Ν  Ξ  Ι  Σ  Τ  Ε  J  Φ
F  Χ  Λ  Ρ  Ί  Φ  Ν  Υ  Η  W  V  Η  Ι  Β  Ά
Μ  Ι  Ο  Η  Ρ  D  S  Λ  Ξ  Υ  Ε  Τ  Ε  Ρ  Λ
Η  Ζ  Π  Σ  Τ  Κ  D  Ζ  U  Η  Κ  Α  Σ  Μ  Ι
```

ΤΡΊΜΗΝΟ	ΟΙΚΟΓΈΝΕΙΕΣ
ΧΆΡΑΚΑ	ΕΛΙΚΌΠΤΕΡΟ
ΕΠΙΣΤΉΜΟΝΑΣ	ΦΥΤΆ
ΚΟΡΜΌ	ΚΑΤΑΔΊΩΞΗ
ΒΟΎΡΤΣΑ	ΠΡΑΓΜΑΤΙΚΌΤΗΤΑ
ΚΕΦΆΛΙ	ΠΟΛΥΘΡΌΝΑ
ΕΘΝΙΚΉ	ΑΠΟΛΑΎΣΕΤΕ
ΧΑΡΟΎΜΕΝΑ	ΣΤΟΜΆΧΙ
ΣΚΈΦΤΟΝΤΑΙ	ΣΥΝΈΝΤΕΥΞΗ
ΤΕΡΆΣΤΙΟ	ΤΊΓΡΗΣ

Puzzle 47

```
A  E  N  É  Ρ  Γ  E  I  A  Σ  H  M  A  Í  A
F  Δ  A  N  T  I  K  E  Í  M  E  N  O  O  A
B  V  E  O  J  Q  H  K  N  A  N  F  B  T  Π
V  W  Y  Λ  Z  Q  V  J  Λ  Í  P  E  Σ  W  O
K  N  D  V  Φ  V  W  O  M  O  P  Δ  Á  I  Δ
A  Í  Z  G  H  Ó  M  Σ  I  T  H  Λ  Θ  A  Í
N  A  T  N  Á  I  P  T  T  A  E  U  C  T  Δ
A  Í  X  P  C  E  J  E  Á  F  Σ  I  N  G  O
B  M  M  J  I  T  C  M  Λ  U  B  Θ  S  E  Y
Á  Y  K  U  Ω  N  Á  Π  A  W  R  N  E  S  N
Λ  Θ  S  N  T  Σ  O  X  O  N  É  I  D  N  F
E  I  Θ  Y  M  Í  Z  E  I  W  T  D  H  W  Ή
I  Π  M  Π  Ά  Σ  K  E  T  Á  N  Δ  P  E  Σ
S  E  Δ  Y  N  A  T  Á  S  P  V  K  M  V  Q
```

ΑΔΕΛΦΌ	ΔΥΝΑΤΆ
ΑΛΆΤΙ	ΑΝΤΙΚΕΊΜΕΝΟ
ΚΊΤΡΙΝΟ	ΣΗΜΑΊΑ
ΑΘΛΗΤΙΣΜΌ	ΑΣΘΕΝΉ
ΜΠΆΣΚΕΤ	ΑΠΟΔΊΔΟΥΝ
ΤΡΙΆΝΤΑ	ΆΝΔΡΕΣ
ΕΝΈΡΓΕΙΑ	ΈΝΟΧΟΣ
ΕΠΙΘΥΜΊΑ	ΛΊΡΕΣ
ΔΙΆΔΡΟΜΟ	ΑΝΑΒΆΛΕΙ
ΠΆΝΩ	ΘΥΜΊΖΕΙ

Puzzle 48

```
Η Ό Η F K J S O R E Δ E Φ M M
Π Λ N D L D X L R R H F Ά E E
X A O I S Σ G C B W M K N I P
E Y T Z F Ό Λ O Θ O I Π T D Ί
T M N Έ S M Z M X Ί O P A Γ Δ
A T Έ Π P Σ X Σ C E Y Ό Σ Y I
Π C N A T A M Ώ P X P Γ M A O
Ό A Q P Q Y K Π X O Γ P A Λ F
Σ M P T F E R E Z Δ Ή A N I U
Π H X N X Λ A N C O Σ M Έ Ά J
A M N I F X M Y Y N E M N A S
Σ Ό T A P T Σ Σ K E I A A M Q
M K Ό N Δ O P A Σ Ξ Z S K T P
A A D Q X C P Σ Ω Σ T Ή S D R
```

ΠΑΤΈΡΑ
ΚΌΝΔΟΡΑΣ
ΑΚΌΜΗ
ΠΡΌΓΡΑΜΜΑ
ΧΡΏΜΑΤΑ
ΘΟΛΌ
ΣΩΣΤΉ
ΞΕΝΟΔΟΧΕΊΟ
ΤΡΑΠΈΖΙ
ΑΠΌΣΠΑΣΜΑ

ΓΥΑΛΙΆ
ΦΆΝΤΑΣΜΑ
ΔΗΜΙΟΥΡΓΉΣΕΙ
ΜΕΡΊΔΙΟ
ΈΝΤΟΝΗ
ΣΤΡΑΤΌΣ
ΧΛΕΥΑΣΜΌΣ
ΚΑΝΈΝΑ
ΣΥΝΕΠΏΣ
ΜΥΑΛΌ

Puzzle 49

```
K  N  H  K  Ή  Θ  Θ  I  Λ  B  I  B  Δ  J  J
U  Y  Λ  E  Σ  A  P  Έ  Π  D  M  D  I  E  Δ
U  O  Ί  Σ  A  I  E  Γ  P  Έ  N  E  E  L  K
Y  Ύ  Θ  L  P  T  A  G  A  Y  Y  Y  A  O
A  E  I  H  Ά  R  O  Q  N  C  K  B  Θ  K  Y
S  T  O  Σ  N  M  Έ  Γ  I  Σ  T  H  Y  Y  P
C  Σ  H  H  T  Z  Z  I  L  S  J  C  N  E  A
U  I  L  T  A  V  Ό  N  A  P  Y  O  T  Y  Σ
M  Π  S  Ή  Ί  U  Λ  F  D  P  B  N  Ή  Έ  M
G  P  U  Z  U  A  E  R  O  I  X  A  M  Λ  Έ
U  V  H  K  C  C  P  K  V  I  Y  X  I  I  N
Π  P  O  Ϊ  Ό  N  T  A  M  L  H  Ά  T  K  O
H  Σ  H  Ί  O  Π  O  Λ  Π  A  H  Λ  X  T  X
A  P  I  Σ  T  E  P  Ά  D  A  N  F  F  H  V
```

ΑΠΛΟΠΟΊΗΣΗ	ΤΙΜΉ
ΣΑΡΆΝΤΑ	ΚΟΥΡΑΣΜΈΝΟ
ΠΡΟΪΌΝΤΑ	ΕΥΈΛΙΚΤΗ
ΜΈΓΙΣΤΗ	ΠΙΣΤΕΎΟΥΝ
ΔΕΙ	ΟΥΡΑΝΌ
ΔΙΕΥΘΥΝΤΉ	ΛΆΧΑΝΟ
ΖΉΤΗΣΗ	ΑΡΙΣΤΕΡΆ
ΠΈΡΑΣΕ	ΗΛΊΘΙΟ
ΤΡΕΛΌ	ΒΙΒΛΙΟΘΉΚΗ
ΑΠΑΡΑΊΤΗΤΑ	ΕΝΈΡΓΕΙΑΣ

Puzzle 50

```
Π  Α  Υ  Κ  Ή  V  D  S  A  N  Ώ  Φ  Υ  Τ  Δ
Α  Ν  Λ  Α  Π  Χ  O  D  Ξ  Α  Σ  Χ  Π  Τ  Ι
Ι  Τ  Ο  Μ  Ι  G  O  Ι  Ι  Τ  Υ  Ά  Λ  O  Α
Χ  Ι  Υ  Η  Ρ  U  M  Υ  Ω  Ό  Μ  Μ  E  R  Φ
Ν  Σ  Τ  Λ  Υ  Η  Κ  C  Μ  Ν  Β  Π  Ι  Χ  O
Ι  Τ  Ρ  Ο  J  Τ  Ρ  Ι  Α  Ι  O  O  O  C  Ρ
Δ  Α  Ό  Π  Θ  Ι  J  Β  Τ  Α  Υ  Υ  Ψ  Ρ  E
Ι  Θ  J  Ά  Ζ  E  Ύ  Ι  Φ  Λ  Ρ  Η  Ρ  Τ
Ά  Μ  R  Ρ  Ι  Β  Ί  Λ  Κ  J  Ή  Γ  Φ  Q  Ι
Ρ  Ί  L  Δ  R  Ά  O  O  Ό  S  F  Κ  Ί  Β  Κ
Ι  Σ  Χ  Α  Κ  Λ  Λ  Μ  Σ  Ζ  C  E  Α  G  Ά
Κ  E  Ρ  Λ  Α  Α  E  E  W  D  Κ  Ρ  J  D  Τ
O  Ι  Χ  Η  J  Ν  Γ  Σ  O  Υ  Η  Δ  Ό  Σ  E
V  D  L  Β  V  Α  Β  Ι  Α  Σ  Τ  Ι  Κ  Ά  Μ
```

ΦΑΙΝΌΤΑΝ
ΘΕΊΟ
ΣΥΜΒΟΥΛΉ
ΜΟΛΎΒΙ
ΠΑΙΧΝΙΔΙΆΡΙΚΟ
ΡΙΠΉ
ΑΝΤΙΣΤΑΘΜΊΣΕΙ
ΠΛΕΙΟΨΗΦΊΑ
ΒΙΑΣΤΙΚΆ
ΑΞΙΩΜΑΤΙΚΌΣ

ΧΆΜΠΟΥΡΓΚΕΡ
ΚΑΜΗΛΟΠΆΡΔΑΛΗ
ΤΥΦΏΝΑ
ΓΕΛΟΊΑ
ΑΝΑΛΆΒΕΙ
ΣΟΥΗΔΌΣ
ΔΙΑΦΟΡΕΤΙΚΆ
ΉΧΟΥ
ΜΕΤΆ
ΛΟΥΤΡΌ

Puzzle 51

```
K  A  Θ  O  P  Í  Z  O  Y  N  C  M  P  Λ  Z
Γ  P  H  Σ  H  Θ  Ý  O  Λ  O  K  A  P  A  Π
Z  Ά  D  Π  P  Ó  Θ  Y  M  A  X  K  M  Γ  G
K  G  Λ  Π  A  P  Ά  Λ  O  Γ  H  Π  L  O  Y
W  T  N  A  A  Y  Γ  A  T  Ά  K  I  Y  Y  Σ
Φ  P  A  Γ  K  O  Σ  T  Ά  Φ  Y  Λ  O  Δ  Ή
K  Δ  Σ  Π  Ά  N  I  A  F  K  J  K  U  Ά  T
Θ  Y  E  E  I  U  M  X  B  Z  A  Q  G  K  Σ
Π  Λ  Ή  K  I  Γ  O  Λ  O  P  O  Φ  J  I  A
A  T  I  I  A  I  Λ  Í  E  Δ  O  K  O  P  K
N  H  K  B  D  E  Π  P  Ώ  H  N  R  A  D  I
Í  H  S  J  E  Y  T  Π  O  Λ  Λ  Ώ  N  T  Δ
D  U  O  M  H  P  É  Í  L  R  R  H  F  P  U
B  Y  P  Q  A  J  Ή  J  A  T  A  M  Ή  P  X
```

ΠΡΌΘΥΜΑ
ΓΑΤΆΚΙ
ΧΡΉΜΑΤΑ
ΘΛΙΒΕΡΉ
ΠΑΡΑΚΟΛΟΎΘΗΣΗ
ΚΡΟΚΟΔΕΊΛΙΑ
ΚΛΙΠ
ΔΙΚΑΣΤΉΣ
ΠΟΛΛΏΝ
ΣΠΆΝΙΑ

ΠΑΡΆΛΟΓΗ
ΦΡΑΓΚΟΣΤΆΦΥΛΟ
ΔΕΚΑΕΤΊΑ
ΠΡΏΗΝ
ΈΡΗΜΟ
ΠΑΝΊ
ΓΆΛΑ
ΦΟΡΟΛΟΓΙΚΉ
ΛΑΓΟΥΔΆΚΙ
ΚΑΘΟΡΊΖΟΥΝ

Puzzle 52

```
G  L  O  V  K  Δ  B  G  X  H  W  C  D  Q  I
U  U  J  N  A  E  B  Q  F  X  R  V  C  Q  K
Γ  X  Z  C  P  I  Δ  Ό  Π  Y  N  N  R  I  G
Λ  E  Z  V  Ό  Λ  A  Π  O  Σ  Π  Ά  Σ  E  I
Ξ  O  Γ  Y  T  Ό  H  K  T  Ή  E  T  F  Σ  Έ
S  A  Γ  O  O  Σ  A  Ί  A  S  T  E  A  Ή  T
S  E  Φ  A  N  F  L  N  Λ  U  A  K  Γ  N  O
D  Z  G  N  P  Ό  O  H  Ή  C  I  P  O  Ω  I
A  O  R  E  I  I  Σ  M  Δ  M  P  A  P  Φ  M
Q  A  D  Δ  V  K  A  A  O  D  E  X  Ά  M  O
Ω  Σ  T  Ό  Σ  O  Ά  Σ  P  C  Ί  D  Σ  Y  I
J  I  L  X  Q  N  W  N  M  D  A  V  E  Σ  B
X  Δ  Ή  Λ  Ω  Σ  H  N  Σ  Ό  M  Θ  I  P  A
Y  Π  N  O  Δ  Ω  M  Ά  T  I  O  N  Q  R  V
```

ΚΑΡΌΤΟ	ΔΕΙΛΌΣ
ΕΤΑΙΡΕΊΑ	ΛΟΓΑΡΙΑΣΜΌ
ΠΌΔΙ	ΓΕΓΟΝΌΣ
ΑΡΙΘΜΌΣ	ΑΓΟΡΆΣΕΙ
ΑΠΟΣΠΆΣΕΙ	ΣΥΜΦΩΝΉΣΕΙ
ΥΠΝΟΔΩΜΆΤΙΟ	ΚΊΝΗΜΑ
ΈΤΟΙΜΟΙ	ΩΣΤΌΣΟ
ΔΕΝ	ΉΣΥΧΗ
ΠΟΔΉΛΑΤΟ	ΞΑΦΝΙΚΆ
ΑΡΚΕΤΆ	ΔΉΛΩΣΗ

Puzzle 53

```
B  T  Π  R  W  M  K  H  G  Σ  F  J  N  A  Q
A  V  P  T  A  A  Ά  T  M  Ή  M  A  P  Δ  H
Γ  S  Ό  E  P  G  Λ  E  I  K  B  Q  U  Ά  J
Ό  B  T  O  C  V  Y  Ή  K  I  T  Σ  A  Λ  Π
N  O  Y  C  Q  S  Ψ  C  Ά  P  H  Ώ  M  E  S
I  F  Π  U  B  B  H  Q  T  T  V  B  A  Γ  U
H  B  O  M  M  Ά  V  A  N  K  M  I  P  A  P
W  O  Γ  Δ  Ό  N  T  A  A  E  P  Ί  H  B
E  Π  Ί  Λ  Y  Σ  H  S  X  Λ  F  K  E  R  A
Π  Λ  O  Ή  Γ  H  Σ  H  C  H  C  A  Π  F  S
D  E  K  H  Θ  Ή  T  N  A  N  Y  Σ  N  Y  O
M  Έ  Γ  A  I  P  A  K  F  B  X  S  W  B  Y
T  A  Ξ  Ί  Δ  I  C  O  Έ  Φ  A  K  Q  I  H
Y  Π  E  P  A  Σ  Π  I  Σ  T  E  Ί  I  S  O
```

ΠΕΊΡΑΜΑ	ΜΈΓΑΙΡΑ
ΑΚΡΙΒΏΣ	ΠΡΌΤΥΠΟ
ΟΓΔΌΝΤΑ	ΧΑΝΤΆΚΙ
ΈΚΤΗ	ΤΑΞΊΔΙ
ΣΥΝΑΝΤΉΘΗΚΕ	ΆΜΜΟ
ΑΓΕΛΆΔΑ	ΚΆΛΥΨΗ
ΠΛΟΉΓΗΣΗ	ΥΠΕΡΑΣΠΙΣΤΕΊ
ΠΛΑΣΤΙΚΉ	ΒΑΓΌΝΙ
ΗΛΕΚΤΡΙΚΉΣ	ΕΠΊΛΥΣΗ
ΤΜΉΜΑ	ΚΑΦΈ

Puzzle 54

```
W  X  Z  D  A  Λ  P  Q  U  F  H  M  E  P  Ή
Y  I  A  T  N  O  Z  Ί  N  A  Φ  A  Ξ  E  X
Δ  V  M  K  S  Π  C  T  P  T  L  P  F  K  Γ
M  Ί  Q  N  H  M  P  Z  N  P  W  Γ  Z  A  K
K  N  Π  A  Π  Ό  Φ  A  Σ  H  Σ  A  F  P  Ό
C  M  J  Λ  O  R  H  Y  Z  L  Ό  P  V  Έ  M
J  A  X  H  A  Q  T  F  S  O  P  Ί  H  K  E
Θ  V  Σ  Ό  I  O  Σ  N  C  J  X  T  G  Λ  N
Έ  N  Ω  T  Ή  N  I  K  O  T  Y  A  A  A  A
Σ  L  V  E  Έ  Ό  Π  K  M  Q  Ψ  C  Λ  E  J
H  Y  N  Γ  I  P  Ό  G  I  H  F  S  Λ  E  Y
V  M  T  A  R  X  I  E  Σ  Έ  Θ  G  Ά  P  Z
Z  T  U  Π  B  P  Ξ  E  Ή  N  O  M  A  I  Δ
B  Z  D  S  G  X  A  H  Ψ  E  K  Σ  Ί  Π  E
```

ΑΣΤΈΡΙ	ΠΑΓΕΤΌ
ΑΞΙΌΠΙΣΤΗ	ΧΡΌΝΟ
ΕΠΊΣΚΕΨΗ	ΨΥΧΡΌΣ
ΘΈΣΗ	ΉΡΕΜΗ
ΑΛΛΆ	ΘΈΣΕΙ
ΔΊΠΛΑ	ΕΞΑΦΑΝΊΖΟΝΤΑΙ
ΜΠΟΛ	ΔΙΑΜΟΝΉ
ΚΑΡΈΚΛΑ	ΑΥΤΟΚΙΝΉΤΩΝ
ΑΠΌΦΑΣΗ	ΓΚΌΜΕΝΑ
ΨΉΣΙΜΟ	ΜΑΡΓΑΡΊΤΑ

Puzzle 55

```
V  N  Γ  L  Y  K  B  Π  K  R  H  P  R  A  P
J  L  E  R  R  H  P  Ω  A  A  G  H  X  T  Ά
H  F  N  F  Σ  T  Ώ  Λ  E  M  N  N  A  Ά  Φ
L  Ό  I  R  Ώ  A  Σ  H  O  H  O  Έ  E  P  I
A  M  Ά  K  Φ  M  I  T  F  Φ  F  M  N  Φ  A
Δ  I  Σ  Z  A  Ό  M  Ή  R  Ά  V  H  N  A  T
Ά  A  Ώ  P  Σ  T  A  N  O  P  P  X  U  K  N
M  Λ  N  N  Z  Y  A  H  N  Γ  U  Y  J  T  Ύ
O  I  Λ  Ή  A  A  E  Σ  I  Π  Ό  T  N  E  O
A  G  O  K  Q  I  Z  Y  K  K  A  I  I  N  B
L  C  J  W  W  J  G  Λ  Ά  E  M  Π  C  P  O
Σ  K  A  Π  Ά  N  H  Ά  Δ  A  Y  E  O  Y  Φ
B  E  L  M  N  U  F  N  O  L  U  Ή  G  L  L
A  D  N  W  F  O  Q  A  P  M  A  E  Σ  K  F
```

ΣΚΑΠΆΝΗ	ΑΙΏΝΑ
ΡΆΦΙ	ΣΑΦΏΣ
ΚΑΝΈΝΑΝ	ΉΛΙΟ
ΠΩΛΗΤΉ	ΚΑΤΑΣΚΕΥΉΣ
ΑΝΆΛΥΣΗ	ΒΡΏΣΙΜΑ
ΑΥΤΌΜΑΤΗ	ΕΝΤΌΠΙΣΕ
ΡΟΔΆΚΙΝΟ	ΟΜΆΔΑ
ΓΕΝΙΆΣ	ΦΟΒΟΎΝΤΑΙ
ΓΡΆΦΗΜΑ	ΑΦΡΆΤΑ
ΛΑΙΜΌ	ΕΠΙΤΥΧΗΜΈΝΗ

Puzzle 56

```
V  Q  C  P  A  E  K  Γ  O  Σ  A  W  O  B  Π
Π  F  A  C  V  U  Ή  Έ  J  Π  Π  F  M  Q  E
S  Y  Ί  Z  K  R  Π  N  Π  A  O  Q  I  J  P
I  N  Γ  O  U  J  O  N  Λ  N  Δ  R  Λ  W  I
Ί  Y  O  M  A  S  M  H  E  Ά  E  Ή  Ί  Δ  Π
E  O  Λ  I  A  K  M  Σ  Y  K  Ί  T  A  Y  E
T  Σ  O  Σ  V  X  S  H  P  I  Ξ  Σ  Q  Σ  T
Σ  Ή  I  Ή  M  X  Ί  I  Έ  O  E  I  P  T  E
I  T  B  P  V  H  E  A  Σ  M  I  Γ  A  Y  I
N  A  H  X  P  P  L  H  Σ  J  Ό  O  Ί  X  Ώ
A  Π  A  Σ  X  O  Λ  O  Ύ  N  S  Λ  K  Ί  Δ
Φ  A  I  E  N  Ά  Φ  A  I  Δ  T  O  I  A  H
M  Ξ  K  O  Y  P  T  Ί  N  E  Σ  Π  Λ  Σ  E
E  E  A  Π  Λ  Ή  H  G  D  L  H  Y  H  H  G
```

ΑΠΛΉ	ΒΙΟΛΟΓΊΑ
ΜΌΛΙΣ	ΑΠΑΣΧΟΛΟΎΝ
ΚΟΥΡΤΊΝΕΣ	ΧΡΉΣΙΜΟ
ΠΛΕΥΡΈΣ	ΕΞΑΠΑΤΉΣΟΥΝ
ΔΙΑΦΆΝΕΙΑ	ΣΠΑΝΆΚΙ
ΠΕΡΙΠΕΤΕΙΏΔΗ	ΥΠΟΛΟΓΙΣΤΉ
ΟΜΙΛΊΑ	ΓΈΝΝΗΣΗ
ΗΛΙΚΊΑ	ΠΥΓΜΑΧΊΑΣ
ΔΥΣΤΥΧΊΑ	ΚΉΠΟ
ΕΜΦΑΝΙΣΤΕΊ	ΑΠΟΔΕΊΞΕΙ

Puzzle 57

```
W  J  Σ  M  Λ  E  Λ  X  T  Z  L  F  B  Π  N
Z  C  A  Π  A  K  I  Ή  P  H  Λ  K  Σ  A  D
V  R  Ί  Ά  M  B  S  Σ  Ψ  Q  F  C  M  Π  I
X  B  E  Λ  B  J  T  A  Ό  H  M  Σ  Z  A  M
R  F  Λ  A  Ά  N  J  B  A  Δ  L  T  E  Γ  Έ
P  J  A  E  N  A  P  K  E  Ί  O  I  Σ  Ά  Θ
H  I  Φ  F  O  T  Ά  I  Π  P  R  Y  T  Λ  O
E  Y  Σ  E  N  Ί  M  A  T  I  B  O  Ό  O  Δ
I  H  A  T  T  M  O  N  Ά  Δ  A  T  Σ  Z  O
Ά  I  Δ  I  A  Π  O  Q  I  R  C  N  L  A  Σ
N  L  Ό  K  I  N  E  Γ  Y  E  W  Ά  J  G  N
L  T  K  I  P  Ά  Γ  Γ  Y  O  Φ  Σ  I  L  S
Σ  K  A  N  T  Z  Ό  X  O  I  P  O  Σ  I  D
A  K  P  Ί  Δ  A  J  B  S  N  J  X  X  X  Q
```

ΖΕΣΤΌ
ΣΚΑΝΤΖΌΧΟΙΡΟΣ
ΑΣΦΑΛΕΊΑΣ
ΕΙΣΌΔΟΥ
ΣΆΝΤΟΥΙΤΣ
ΠΑΙΔΙΆ
ΑΡΚΕΊ
ΜΈΘΟΔΟΣ
ΛΑΜΒΆΝΟΝΤΑΙ
ΣΚΛΗΡΉ

ΜΠΆΛΑ
ΛΉΨΗ
ΣΦΟΥΓΓΆΡΙ
ΣΑΝ
ΕΥΓΕΝΙΚΌ
ΠΙΆΤΟ
ΠΑΠΑΓΆΛΟ
ΒΙΤΑΜΊΝΕΣ
ΜΟΝΆΔΑ
ΑΚΡΊΔΑ

Puzzle 58

```
D  A  P  I  Θ  M  H  T  Ή  Σ  X  P  N  G  Y
O  K  Ί  H  Q  M  E  Ό  F  H  E  Ό  W  H  Ψ
Q  D  A  E  Λ  Π  M  P  E  Σ  Λ  Λ  V  I  H
Έ  W  Σ  W  P  R  U  O  T  Y  Ώ  O  O  E  Λ
Ξ  Λ  T  F  V  A  S  I  A  E  N  V  H  Σ  Ό
A  E  Y  Ά  P  O  Γ  A  S  Δ  A  Y  G  Ά  T
Λ  Ω  N  Z  Z  O  I  Γ  D  Ί  T  C  U  I  E
Λ  Φ  O  A  Γ  N  I  Q  A  A  P  A  Z  Σ  P
O  O  M  R  Λ  J  N  Ω  Λ  Π  Ί  Π  E  Ω  O
Σ  P  I  V  Ώ  H  Σ  Y  E  K  Ή  Θ  O  Π  A
B  E  K  M  Σ  N  Y  O  Ύ  E  Δ  O  N  Y  Σ
L  Ί  Ό  Σ  Σ  Γ  Λ  Ω  Σ  Σ  Ά  P  I  T  G
S  O  Σ  O  A  Π  P  O  Φ  A  N  Ή  I  N  L
Σ  K  E  Λ  E  T  Ό  V  K  L  I  U  F  E  Y
```

ΣΥΝΟΔΕΎΟΥΝ   ΡΌΛΟ
ΜΠΛΕ   ΈΞΑΛΛΟΣ
ΠΡΟΦΑΝΉ   ΑΡΙΘΜΗΤΉΣ
ΑΣΤΥΝΟΜΙΚΌΣ   ΕΚΠΑΊΔΕΥΣΗΣ
ΕΝΤΥΠΩΣΙΆΣΕΙ   ΕΠΊΠΛΩΝ
ΓΛΩΣΣΆΡΙ   ΓΛΏΣΣΑ
ΣΚΕΛΕΤΟ   ΑΠΟΘΉΚΕΥΣΗ
ΌΡΟΙ   ΧΕΛΏΝΑ
ΛΕΩΦΟΡΕΊΟ   ΥΨΗΛΌΤΕΡΟ
ΑΓΓΑΡΕΊΑ   ΑΓΟΡΆ

Puzzle 59

```
E  X  A  N  E  Ξ  Ά  Ρ  Τ  Η  Τ  Ο  Λ  Ψ  E
R  A  O  T  Π  G  V  R  L  Z  J  O  I  Y  K
G  M  Λ  Ρ  W  Ί  L  Y  N  F  V  X  Γ  Γ  K
L  Ό  Λ  H  Σ  H  N  Ρ  Έ  B  Y  K  Ό  E  Έ
N  Γ  E  M  X  T  L  O  Λ  T  Ί  T  T  Ί  N
Ή  E  Π  T  Ά  P  R  Ύ  Y  T  F  A  E  O  Ω
K  Λ  Ύ  B  Y  Θ  Q  Δ  T  N  H  W  Ρ  Ό  Σ
I  O  K  Y  O  M  Λ  S  L  U  T  V  O  N  H
M  E  T  A  Ξ  Ύ  H  I  O  I  Δ  Ί  E  E  Σ
O  C  D  Π  U  F  T  Γ  A  V  Y  Y  M  I  Ρ
T  I  G  Ύ  W  R  Ύ  U  O  A  U  F  A  P  S
A  U  I  Ρ  N  Π  M  V  O  Ρ  P  A  Y  O  N
J  D  R  T  E  I  Δ  I  K  Ό  Ί  R  H  U  P
R  J  V  A  M  Γ  I  E  Δ  Ά  P  A  Π  U  G
```

ΧΑΜΌΓΕΛΟ
ΜΕΤΑΞΎ
ΤΡΎΠΑ
ΨΥΓΕΊΟ
ΜΎΤΗ
ΔΎΟ
ΑΤΟΜΙΚΉ
ΕΙΔΙΚΌ
ΑΝΕΞΆΡΤΗΤΟ
ΕΤΥΜΗΓΟΡΊΑ

ΌΝΕΙΡΟ
ΚΥΒΈΡΝΗΣΗ
ΆΘΛΙΑ
ΊΔΙΟΙ
ΠΑΡΆΔΕΙΓΜΑ
ΛΙΓΌΤΕΡΟ
ΠΊΝΟΥΝ
ΕΚΚΈΝΩΣΗΣ
ΚΎΠΕΛΛΟ
ΤΊΤΛΟ

Puzzle 60

```
Ε  Χ  Ί  Ε  Β  Μ  Έ  Ή  Κ  Ι  Δ  Σ  U  J  Ε
Ξ  Κ  Κ  R  Η  Ζ  Α  Β  Δ  D  Η  L  Ό  F  R
Ε  U  Ε  Ι  Κ  Ό  Ν  Α  Δ  Η  W  Α  Κ  Δ  Ζ
Τ  Λ  Ο  Β  Π  C  F  Α  Ζ  Ο  D  D  Υ  Α  Α
Ά  Υ  V  Τ  Ρ  Ι  Π  Ο  Υ  Μ  Μ  Ν  Ε  Ν  Ί
Ζ  R  U  F  Ό  Η  Η  Ν  Κ  Ό  Π  Η  Λ  Α  Ε
Ο  L  V  R  Θ  Η  L  Α  Ι  Ν  Α  Q  C  Κ  Τ
Υ  J  F  Κ  Ε  Υ  Ε  J  L  Χ  Τ  Β  W  Α  Α
Ν  Μ  U  Ύ  Σ  Γ  Ε  Ύ  Μ  Α  Ά  F  Β  Τ  Ρ
Μ  Ο  Υ  Ρ  Η  Υ  Μ  J  Ι  Β  Τ  D  Χ  Έ  Τ
Ό  Μ  Σ  Ι  Ν  Ω  Γ  Α  Τ  Ν  Α  Ε  Κ  Ψ  Σ
Κ  Ε  Η  Ε  V  Τ  Ζ  R  Μ  Α  Ο  Q  U  Τ  Κ
Ι  Π  Π  Ο  Π  Ό  Τ  Α  Μ  Ο  Σ  Ε  Ε  Ε  Ε
F  Χ  D  L  V  Τ  Ε  Κ  Ο  Δ  Υ  Ν  Η  Ρ  Ά
```

ΠΑΤΆΤΑ	ΠΟΥ
ΓΕΎΜΑ	ΒΟΛΤ
ΠΡΌΘΕΣΗ	ΟΔΥΝΗΡΆ
ΚΎΡΙΕ	ΑΝΑΚΑΤΈΨΤΕ
ΉΔΗ	ΕΊΧΕ
ΔΙΚΉ	ΝΌΜΟ
ΕΞΕΤΆΖΟΥΝ	ΙΠΠΟΠΌΤΑΜΟΣ
ΕΙΚΌΝΑ	ΑΝΤΑΓΩΝΙΣΜΌ
ΣΌΔΑ	ΕΚΣΤΡΑΤΕΊΑ
ΛΕΥΚΌ	ΈΒΔΟΜΗ

Puzzle 61

```
Χ Ύ Ν Ε Τ Α Ι Κ Ά Π Α Κ R Β Ν
Ι S Α J Σ Η Σ Ε Ρ Ί Α Ξ Ε D Υ
Β Ι Χ F Τ Τ Ρ Α Ο V Η Ή Ι Χ L
Ο G Ύ Ο Ι Ρ Π Ο Ρ Τ Ο Κ Α Λ Ί
Σ Β Ο Υ Ν Ά Ε Χ Ι Ε C Ϊ Ν V Σ
Κ Ο Ρ Β V Χ Q Π Ά C Κ Ο Μ U Υ
Ε Α Φ Α U Α Ί Λ Ι Μ Ο Ν Υ Σ Λ
Ρ Σ Q Ί Ο C Ν Μ Σ Θ U Υ Η U Λ
Δ Η Ό Β Α R Ι Ι Ο Ζ Ε Ε V U Ά
Ί Μ Λ S Κ Μ Ε L Ρ J F Τ Α L Β
Ζ Έ Η F G Κ C Ν Δ Q C Α Ι Η Ε
Ο Ν Υ Ο Λ Λ Ά Β Μ Υ Σ Ν G Κ Ι
Υ Ι W Δ Ι Α Θ Έ Σ Ι Μ Ο L S Ή
Ν Α Ρ Ι Ν Ό Κ Ε Ρ Ο Σ C Ν Ρ Ν
```

ΕΠΙΘΕΤΙΚΉ	ΣΥΜΒΆΛΛΟΥΝ
ΕΥΝΟΪΚΉ	ΧΎΝΕΤΑΙ
ΚΕΡΔΊΖΟΥΝ	ΣΥΝΟΜΙΛΊΑ
ΣΥΛΛΆΒΕΙ	ΡΟΚ
ΚΑΠΆΚΙ	ΧΆΡΤΗ
ΑΣΗΜΈΝΙΑ	ΌΛΗ
ΒΟΥΝΆ	ΣΟΦΊΑ
ΔΡΟΣΙΆ	ΠΟΡΤΟΚΑΛΊ
ΔΙΑΘΈΣΙΜΟ	ΡΟΎΧΑ
ΕΞΑΊΡΕΣΗΣ	ΡΙΝΌΚΕΡΟΣ

Puzzle 62

```
Α Ψ Π Ή Γ Ε C V R T E Ί Θ K L
M Π H M A Ν Ύ Δ R D J Λ E R W
Ω B E Λ I F Ά Φ Θ O N A P B P
Λ E D I Ά T F U Q Q X X M R B
Π G W O K H F P W O B Ψ I H I
Ί I F Λ E O G Z E E A Υ K K O
Δ K F Ό P Q N N Υ X N X Ή O M
H V A K Z C I Ί E A T I W I H
Σ Υ M B E Ί M D Z O Ί K J N X
N Υ X T E P Ί Δ A O O Ή Υ Ω A
U V Π P O Φ O P Ά H Υ A B N N
Σ T P A T I Ώ T H X V N K I Ί
X E O B Φ P Ά X T H K K B K A
E N T E Λ Ώ Σ H Έ Λ Ξ H Σ Ή D
```

ΣΤΡΑΤΙΏΤΗ   ΑΠΕΙΚΟΝΊΖΟΥΝ
ΆΦΘΟΝΑ   ΨΗΛΆ
ΨΥΧΙΚΉ   ΝΥΧΤΕΡΊΔΑ
ΔΊΠΛΩΜΑ   ΠΉΓΕ
ΦΡΆΧΤΗ   ΚΟΙΝΩΝΙΚΉ
ΈΛΞΗΣ   ΒΙΟΜΗΧΑΝΊΑ
ΌΛΟΙ   ΘΕΡΜΙΚΉ
ΔΎΝΑΜΗ   ΧΑΛΊ
ΑΝΤΊΟ   ΠΡΟΦΟΡΆ
ΕΝΤΕΛΏΣ   ΣΥΜΒΕΊ

Puzzle 63

```
Α  Δ  Ύ  N  A  M  H  Σ  A  B  Ά  N  A  J  J
T  E  V  U  W  U  C  D  H  Q  T  O  F  C  C
B  I  R  T  C  K  H  Π  Γ  M  N  F  E  F  W
U  K  P  R  B  O  R  P  E  Σ  Ά  Γ  Y  A  U
H  Ί  N  F  Z  C  L  O  K  Ύ  E  Δ  D  M  X
B  T  O  A  Q  Ή  Z  Σ  O  N  P  Ή  I  Γ  Y
Ά  N  Θ  P  Ω  Π  O  Σ  Y  Δ  Ω  A  P  Ά  O
I  O  J  Ή  J  O  N  M  T  E  Δ  G  Ά  P  M
K  Π  K  T  Y  P  B  D  Ά  Σ  O  Z  Γ  Π  Π
Σ  P  Y  H  C  T  E  L  Λ  H  C  B  Y  C  P
J  K  U  N  O  I  V  R  I  R  Γ  Q  E  G  Έ
K  D  Q  I  N  Π  G  W  L  G  E  I  Z  P  Λ
H  G  F  K  T  E  Σ  K  O  Π  Ό  D  O  Z  A
E  Π  I  Λ  Έ  Ξ  I  M  E  Σ  F  J  D  Σ  J
```

ΥΓΙΉ	ΕΠΙΤΡΟΠΉ
ΑΥΓΆ	ΔΩΡΕΆΝ
ΣΚΙΆ	ΣΎΝΔΕΣΗ
ΑΔΎΝΑΜΗ	ΖΕΥΓΆΡΙ
ΕΠΙΛΈΞΙΜΕΣ	ΚΟΥΤΆΛΙ
ΣΗΜΆΔΙ	ΟΜΠΡΈΛΑ
ΆΝΘΡΩΠΟΣ	ΓΙΟΣ
ΠΡΆΓΜΑ	ΑΝΆΒΑΣΗ
ΣΚΟΠΌ	ΠΡΟΣ
ΚΙΝΗΤΉΡΑ	ΠΟΝΤΊΚΙ

Puzzle 64

```
Δ Ό Τ Χ Α Ο Φ Α Ί Ε Ρ Ο Π Ν Χ
Ζ Ι Ζ C Ε V Ό S Υ Κ R W Υ Ν V
Ω Ο Α J C Β Ρ W Β Χ Ο R Ι Ι Ζ
Ν Λ Τ Δ F J Ε L Η Ω Ν Υ S G C
Τ Φ Ν W Ι V Μ L G Ρ F Ο Ι Μ Ι
Α S Ά Ζ Χ Κ Α R Χ Ή Χ Ζ Η Μ S
Ν S Σ Ο Ψ Ύ Α Ι Ι Σ Έ Ν Χ Υ Σ
Ή Η Τ Ί Ρ Τ Α Σ Ι Ε Ρ Τ F F Ο
Χ U Τ S Ο F Α Υ Ί Ι Υ Ρ V Q Ρ
Κ Ι Ν Δ Ύ Ν Ο Υ Γ Α Α Χ W V Έ
Π Ε Ρ Ί Π Τ Ω Σ Η Ή Σ Ι Τ C Μ
Π Ό Λ Ε Μ Ο Ά Κ Α Κ J Q J C Ν
Η Λ Ι Έ Λ Α Ι Ο Ι Ρ Γ Ά L Ο Η
F Μ Α Ο Τ Ν Τ Ε Ί Ν Ο Υ Ν Ρ G
```

ΠΟΡΕΊΑ
ΜΈΡΟΣ
ΠΕΡΊΠΤΩΣΗ
ΣΥΧΝΈΣ
ΑΥΓΉ
ΗΛΙΈΛΑΙΟ
ΦΌΡΕΜΑ
ΤΣΆΝΤΑ
ΦΛΟΙΌ
ΆΓΡΙΟ

ΤΡΊΤΗ
ΤΡΕΙΣ
ΠΌΛΕΜΟ
ΚΑΚΆΟ
ΕΚΧΩΡΉΣΕΙ
ΖΩΝΤΑΝΉ
ΚΙΝΔΎΝΟΥ
ΔΙΑΔΙΚΑΣΊΑΣ
ΤΕΊΝΟΥΝ
ΎΨΟΣ

Puzzle 65

```
Τ  Γ  Ι  Ν  Ύ  Ο  Μ  Ι  Τ  Ο  Ρ  Π  Α  Ι  Α
Ζ  Ρ  Κ  U  Μ  Υ  G  C  C  Β  Β  Α  Π  Κ  Φ
C  Α  Μ  S  Χ  G  S  Ο  J  Χ  Σ  Ρ  Α  Α  Ι
L  Φ  Ε  Ν  Η  Λ  Ί  Κ  Ω  Ν  Υ  Α  Ρ  Ν  Ε
Ι  Ε  Σ  Ί  Φ  Α  Ρ  Γ  Ω  Ζ  Μ  Σ  Α  Ο  Ρ
V  Ί  Π  Ρ  Ό  Σ  Ω  Π  Ο  Χ  Μ  Κ  Ί  Π  Ώ
Μ  Ο  Ν  Η  Κ  Σ  Ά  Μ  Α  Δ  Ε  Ε  Τ  Ο  Σ
Β  Έ  Φ  Ρ  Ά  Ο  Υ  Λ  Α  Κ  Τ  Υ  Η  Ι  Ε
Ε  Ο  Λ  Λ  Ά  L  W  Ι  L  Ύ  Έ  Ή  Τ  Η  Ι
Ν  Ί  F  Ι  S  Ρ  Χ  W  F  Ρ  Χ  Υ  Η  Μ  Ό
Σ  Έ  Κ  Ι  Σ  Α  Β  Χ  Α  Ι  Ο  Ι  Α  Έ  Π
W  F  J  Ο  Ο  Σ  Γ  Η  Σ  Ε  Υ  F  Μ  Ν  Ο
L  Q  Α  W  Σ  Ρ  Α  U  Ε  Σ  Ν  U  Η  Ο  Ι
Μ  C  Ι  J  Q  Ι  Τ  Ά  Β  Ε  Ρ  Κ  Q  Ι  Α
```

ΜΈΛΙΣΣΑ
ΌΠΟΙΑ
ΠΡΟΤΙΜΟΎΝ
ΕΝΗΛΊΚΩΝ
ΕΊΚΟΣΙ
ΚΎΡΙΕΣ
ΔΑΜΆΣΚΗΝΟ
ΒΑΣΙΚΈΣ
ΓΗΣ
ΑΦΙΕΡΏΣΕΙ

ΣΥΜΜΕΤΈΧΟΥΝ
ΙΚΑΝΟΠΟΙΗΜΈΝΟΙ
ΑΠΑΡΑΊΤΗΤΗ
ΠΑΡΑΣΚΕΥΉ
ΦΡΆΟΥΛΑ
ΆΛΛΟ
ΚΡΕΒΆΤΙ
ΓΡΑΦΕΊΟ
ΖΩΓΡΑΦΊΣΕΙ
ΠΡΌΣΩΠΟ

Puzzle 66

```
B  K  M  I  Γ  Ή  N  Y  K  I  Z  Γ  S  B  X
O  Λ  Ά  Γ  E  M  B  J  Ά  A  F  P  F  A  Q
Q  N  Έ  X  D  H  M  Z  Λ  P  T  Ή  J  Σ  N
K  H  B  M  A  U  I  Y  T  O  F  Γ  F  I  G
B  N  C  V  M  O  K  T  Σ  K  E  O  C  Λ  T
F  Y  I  T  C  A  P  P  A  Ό  L  P  H  I  Π
Ό  O  Θ  I  N  R  Ό  O  O  K  Λ  O  S  K  O
M  X  A  I  P  Ύ  O  B  A  K  A  E  O  Ή  Σ
O  P  V  H  Σ  H  T  Ή  Z  A  N  A  P  P  Ό
I  Ά  K  L  D  T  D  L  H  E  U  S  Ύ  T  T
A  Π  W  D  C  J  E  C  W  J  U  K  Γ  B  H
Q  Y  A  G  Y  A  Δ  Ί  Φ  A  T  Σ  Y  A  T
Π  P  O  E  I  Δ  O  Π  O  Ί  H  Σ  H  S  A
K  A  T  A  N  O  H  T  Ό  Λ  Έ  E  I  M  Σ
```

ΚΌΚΟΡΑ
ΓΎΡΟ
ΒΥΘΙΣΤΕΊ
ΑΝΑΖΉΤΗΣΗ
ΜΙΚΡΌ
ΜΕΓΆΛΟ
ΛΈΕΙ
ΌΜΟΙΑ
ΣΤΑΦΊΔΑ
ΤΡΕΛΌΣ

ΥΠΆΡΧΟΥΝ
ΓΡΉΓΟΡΟ
ΒΑΣΙΛΙΚΉ
ΚΑΒΟΎΡΙΑ
ΚΥΝΉΓΙ
ΚΆΛΤΣΑ
ΒΛΈΜΜΑ
ΠΡΟΕΙΔΟΠΟΊΗΣΗ
ΠΟΣΌΤΗΤΑΣ
ΚΑΤΑΝΟΗΤΟ

Puzzle 67

```
A  Ξ  I  O  Λ  O  Γ  E  Ί  E  E  M  Z  U  J
S  X  P  Ώ  M  A  P  Ά  W  S  Π  G  K  T  W
M  A  Ϊ  O  Y  Λ  E  Σ  Σ  A  M  A  J  J  Σ
K  B  E  J  T  Ή  U  X  Y  K  Y  H  Φ  B  A
P  A  Π  X  Έ  M  F  T  H  Z  H  T  Q  Ώ  Ί
E  Θ  I  H  Σ  A  B  Ά  T  A  K  Σ  S  E  N
M  I  Σ  Σ  Σ  K  A  D  T  Q  U  J  H  Σ  Ω
Ά  Ά  T  Y  E  Σ  E  I  P  Ά  D  M  K  Ω  N
Σ  T  O  E  P  Σ  T  A  Θ  E  P  Ή  Λ  T  I
E  L  Λ  Λ  A  T  Z  M  R  Q  X  D  Έ  E  O
I  L  Ή  Έ  L  T  E  T  A  H  H  O  Ψ  P  K
A  M  O  N  Ω  Γ  Ί  P  T  Λ  H  V  E  I  J
D  L  H  Y  Q  D  E  D  O  Λ  Λ  H  I  K  V
O  A  G  Σ  I  E  M  E  H  Ά  K  Ί  G  Ή  I
```

ΣΕΙΡΆ   ΚΡΕΜΆΣΕΙ
ΜΑΪΟΥ   ΆΣΚΗΣΗ
ΕΠΙΣΤΟΛΉ   ΣΥΝΈΛΕΥΣΗ
ΑΞΙΟΛΟΓΕΊ   ΆΛΛΗ
ΣΤΑΘΕΡΉ   ΚΛΈΨΕΙ
ΤΈΣΣΕΡΑ   ΕΠΑΦΩΝ
ΚΑΜΉΛΑ   ΤΡΊΓΩΝΟ
ΚΑΤΆΒΑΣΗ   ΜΑΛΛΊ
ΧΡΏΜΑ   ΒΑΘΙΆ
ΚΟΙΝΩΝΊΑΣ   ΕΣΩΤΕΡΙΚΉ

Puzzle 68

```
M  D  G  I  E  Σ  Ί  Θ  A  K  Έ  E  Ξ  A  Ψ
Y  C  L  I  D  V  Y  D  P  S  X  V  E  P  H
Σ  F  W  A  G  O  Λ  O  I  S  E  A  Γ  I  Λ
T  Σ  U  E  T  H  Ό  Z  Θ  K  I  X  E  Θ  Ό
Ή  O  N  S  B  G  Φ  G  M  Φ  A  L  Λ  M  T
P  Λ  B  R  F  C  O  E  Ό  Θ  K  I  Ά  O  E
I  E  O  Λ  Y  O  Π  Ό  T  O  K  B  Σ  M  P
A  Γ  M  A  K  P  I  N  Ό  P  P  F  E  H  O
A  Γ  P  Ό  K  T  H  M  A  Ά  B  F  I  X  D
Z  Ά  F  N  E  Λ  Έ  Γ  X  E  T  A  I  A  N
M  A  Θ  H  T  Ή  K  I  N  O  K  I  E  N  N
A  Ί  Σ  Θ  H  Σ  H  T  L  L  B  Y  S  Ή  Z
N  X  C  O  V  L  T  R  Σ  Y  N  Ή  Θ  Ω  Σ
Δ  I  E  Y  Θ  Y  N  T  Ή  Σ  X  H  T  N  R
```

ΑΡΙΘΜΌ
ΔΙΕΥΘΥΝΤΉΣ
ΕΙΚΟΝΙΚΉ
ΑΓΡΌΚΤΗΜΑ
ΣΥΝΉΘΩΣ
ΨΗΛΌΤΕΡΟ
ΈΧΕΙ
ΚΑΙ
ΆΓΓΕΛΟΣ
ΜΑΘΗΤΉ

ΚΟΤΌΠΟΥΛΟ
ΑΊΣΘΗΣΗ
ΞΕΓΕΛΆΣΕΙ
ΚΑΘΊΣΕΙ
ΜΑΚΡΙΝΌ
ΦΘΟΡΆ
ΕΛΈΓΧΕΤΑΙ
ΛΌΦΟ
ΑΡΙΘΜΟΜΗΧΑΝΉ
ΜΥΣΤΉΡΙΑ

Puzzle 69

```
M W X W Q X Π B V I P O K M D
Y W Y T Z Ά N I T A Π Y Z Έ F
K Ά T Ω Y Z U P Σ U C Σ W X A
O N Έ M H Π A Γ A Ί W Ί M P Z
Δ K J V A X Ή H Q U N A W I Z
O M Σ Ό K M W Σ H T K A T K Έ
N M Ί Λ H Σ E I E Σ Ά Π Σ E Ξ
T Σ T A Φ Ύ Λ I A I V C N N M
Ί B P O X O Π T Ώ Σ E I Σ F Y
A E Λ Λ E I Π T I K Ή O X J P
T Έ A D A Y T O K Ί N H T O Ω
P Y N K P A T Ή Σ E I F T U Δ
O U O N Z Π O Λ I T I K Ή P I
W A E Y E R L M O M V H C C Ά
```

ΞΕΣΠΆΣΕΙ
ΜΈΧΡΙ
ΧΤΥΠΉΣΕΙ
ΠΟΛΙΤΙΚΉ
ΚΌΣΜΟ
ΟΔΟΝΤΊΑΤΡΟ
ΕΛΛΕΙΠΤΙΚΉ
ΒΡΟΧΟΠΤΏΣΕΙΣ
ΠΙΣΊΝΑ
ΟΥΣΊΑ

ΣΤΑΦΎΛΙΑ
ΑΓΑΠΗΜΈΝΟ
ΕΝΝΈΑ
ΜΊΛΗΣΕ
ΈΚΤΑΚΤΗ
ΚΡΑΤΉΣΕΙ
ΑΥΤΟΚΊΝΗΤΟ
ΜΥΡΩΔΙΆ
ΚΆΤΩ
ΠΑΤΙΝΆΖ

Puzzle 70

```
Κ  Α  Ρ  Α  Μ  Έ  Λ  Α  Μ  Ο  Τ  Ά  J  Δ  R
Δ  Χ  F  Μ  G  U  Ε  Τ  Ε  Γ  Ά  Σ  I  Ε  I
Ε  Ά  Τ  Ε  Ρ  Φ  Ρ  Ο  Ν  Τ  Ί  Δ  Α  Ύ  Ο
Π  F  Κ  Έ  U  Κ  R  Β  Χ  R  G  Β  Ν  Τ  Ν
Τ  Μ  Τ  Ρ  Ν  Ο  V  Β  Ζ  W  Μ  Η  U  Ε  Έ
Ά  Η  Ρ  Α  Υ  Α  I  Ο  Λ  Ί  Φ  W  Σ  Ρ  Μ
Χ  Ά  Σ  Ε  Τ  Ε  Ο  Ν  Τ  I  Υ  U  Α  Η  Ω
Η  Τ  Τ  Α  Π  Ε  Λ  Π  Ι  Σ  Μ  Έ  Ν  Ο  I
Ε  Π  Α  Ν  Ά  Λ  Η  Ψ  Η  Υ  Ω  S  Ί  Q  Ε
Ρ  Ε  Α  Ρ  Ν  Η  Τ  I  Κ  Ό  Χ  Ρ  Τ  S  Κ
V  Λ  Q  V  Ε  I  Κ  Α  Σ  Ί  Α  Α  Ρ  Α  I
D  L  Ν  G  R  Δ  Ν  Q  F  Q  Τ  Ν  Υ  Ά  Ο
J  Η  Q  Τ  Ν  Ί  D  Ο  Ο  Τ  L  U  Ο  Τ  Ξ
Ο  Α  Υ  F  D  Φ  Χ  Α  Λ  Α  Ρ  Ά  Κ  Η  Ε
```

ΧΆΣΕΤΕ	ΧΤΈΝΑ
ΕΠΑΝΆΛΗΨΗ	ΑΠΕΛΠΙΣΜΈΝΟΙ
ΕΞΟΙΚΕΙΩΜΈΝΟΙ	ΛΕΠΤΆ
ΔΕΎΤΕΡΗ	ΦΡΟΝΤΊΔΑ
ΆΤΟΜΑ	ΚΑΡΑΜΈΛΑ
ΚΟΥΡΤΊΝΑΣ	ΧΑΛΑΡΆ
ΕΙΣΆΓΕΤΕ	ΆΡΡΩΣΤΟ
ΕΙΚΑΣΊΑ	ΦΊΛΟΙ
ΦΊΔΙ	ΕΠΤΆ
ΑΡΝΗΤΙΚΌ	ΔΆΚΡΥ

Puzzle 71

H	S	A	L	T	E	N	T	O	Π	I	Σ	M	Ό	Σ
R	C	N	A	P	Ά	K	E	Δ	M	R	K	Z	L	Ύ
Y	P	T	F	O	Γ	P	E	Ί	P	E	Π	O	E	Γ
T	Q	Ί	Z	X	G	F	Z	Έ	H	Φ	Q	K	E	X
Y	Z	Θ	U	I	E	Ώ	P	T	N	S	Ύ	V	D	P
Y	H	E	J	Ά	I	X	B	C	F	T	A	Σ	W	O
Π	H	Σ	Π	E	T	Σ	Έ	T	A	C	I	U	H	N
M	P	H	Π	E	P	I	O	Δ	I	K	Ό	M	M	E
U	Έ	Ό	B	Έ	B	A	I	A	F	A	K	X	A	Σ
S	M	S	B	Π	P	O	H	Γ	O	Ύ	M	E	N	O
U	V	Q	A	A	N	Έ	M	A	P	H	Ξ	O	Π	A
B	A	M	I	A	T	E	Θ	Ί	T	O	Π	Y	D	Έ
N	X	R	Σ	O	Ί	A	P	Y	O	P	A	E	H	N
K	O	Y	P	A	Σ	M	Έ	N	O	Σ	A	H	W	F

ΠΡΌΒΑΤΑ
ΕΝΤΟΠΙΣΜΌ
ΤΡΟΧΙΆ
ΠΕΤΣΈΤΑ
ΤΡΏΕΙ
ΑΝΤΊΘΕΣΗ
ΑΠΟΞΗΡΑΜΈΝΑ
ΝΈΑ
ΠΡΟΗΓΟΎΜΕΝΟ
ΥΠΟΤΊΘΕΤΑΙ

ΈΝΤΙΜΑ
ΒΈΒΑΙΑ
ΔΕΚΆΡΑ
ΑΡΟΥΡΑΊΟΣ
ΣΎΓΧΡΟΝΕΣ
ΜΈΡΗ
ΦΎΣΗ
ΚΟΥΡΑΣΜΈΝΟΣ
ΠΕΡΊΕΡΓΟ
ΠΕΡΙΟΔΙΚΌ

Puzzle 72

```
Π  Q  I  Ά  Σ  T  P  Q  K  L  D  L  K  Z  O
V  I  G  T  O  Ώ  E  C  K  B  J  C  Ύ  I  M
S  I  A  L  Y  P  Δ  E  Ί  K  T  H  O  H  M
X  E  Q  N  T  A  Σ  T  Ί  Λ  A  X  Σ  A  Π
C  Σ  A  K  Ί  A  N  Y  Γ  V  Έ  L  T  K  Δ
T  Ή  L  Z  L  Σ  E  S  K  Γ  Δ  X  Y  Ό  I
P  P  E  U  S  A  T  K  K  Ό  I  F  O  Σ  E
E  Ω  A  Π  O  A  U  A  C  M  R  N  A  T  Ύ
G  X  C  Γ  E  D  X  V  Σ  A  E  H  K  O  Θ
D  O  M  V  I  I  B  P  Ώ  M  I  K  H  Σ  Y
A  Π  P  O  D  K  Δ  Ψ  Ω  M  Ά  K  I  A  N
W  A  V  O  L  R  Ό  Ή  T  Έ  Λ  E  I  A  Σ
M  M  O  K  Έ  Σ  Π  P  Ω  Ξ  E  H  C  H  H
A  Λ  Λ  H  Λ  E  Π  I  Δ  P  O  Ύ  N  F  D
```

ΔΙΕΎΘΥΝΣΗ	ΠΙΑΝΊΣΤΑΣ
ΤΡΑΓΙΚΌ	ΠΑΣΧΑΛΊΤΣΑ
ΓΥΝΑΊΚΑ	ΚΑΟΥΤΣΟΎΚ
ΓΌΜΑ	ΕΠΕΙΔΉ
ΨΩΜΆΚΙΑ	ΒΡΏΜΙΚΗ
ΤΈΛΕΙΑ	ΙΔΈΑ
ΑΛΛΗΛΕΠΙΔΡΟΎΝ	ΤΣΆΙ
ΈΣΠΡΩΞΕ	ΑΠΟΧΩΡΉΣΕΙ
ΣΟΥΤ	ΔΕΊΚΤΗ
ΚΌΣΤΟΣ	ΤΏΡΑ

Puzzle 73

```
H  M  B  Γ  K  Δ  B  Z  Ά  M  M  T  G  A  T
O  E  U  Ω  A  Ά  O  O  P  S  F  X  V  K  A
M  F  B  N  N  X  Y  V  O  G  B  K  Q  A  Y
R  H  A  Ί  A  T  B  V  Φ  Z  A  S  Z  T  T
A  L  X  A  Π  Y  Ά  M  A  K  P  I  Ά  Ά  Ό
G  K  J  A  Έ  Λ  Λ  Y  I  Ώ  P  A  S  Λ  T
N  D  O  C  N  O  I  T  Δ  A  S  B  X  Λ  H
Π  S  N  Ύ  N  I  A  A  K  P  I  B  Ά  H  T
Q  E  P  R  Σ  E  K  H  Θ  Έ  P  B  H  Λ  A
O  L  P  D  B  E  O  Ό  K  P  Έ  A  Σ  O  Λ
X  V  J  I  Z  R  I  Σ  E  B  A  Σ  M  Ό  K
N  S  N  Σ  O  Φ  A  Δ  Έ  O  T  O  F  U  Ύ
M  K  S  D  I  X  U  Φ  O  P  T  H  Γ  Ό  O
N  Z  M  X  D  M  Ή  Φ  T  Ώ  X  E  I  A  K
```

ΑΚΡΙΒΆ	ΚΡΈΑΣ
ΈΔΑΦΟΣ	ΚΟΎΚΛΑ
ΔΆΧΤΥΛΟ	ΒΡΈΘΗΚΕ
ΑΚΟΎΣΕΙ	ΏΡΑ
ΜΗΧΑΝΙΚΌ	ΚΑΝΑΠΈ
ΤΑΥΤΌΤΗΤΑ	ΓΩΝΊΑ
ΔΙΑΦΟΡΆ	ΦΟΡΤΗΓΌ
ΒΟΥΒΆΛΙΑ	ΠΕΡΙΟΧΉ
ΣΕΒΑΣΜΌ	ΦΤΏΧΕΙΑ
ΜΑΚΡΙΆ	ΑΚΑΤΆΛΛΗΛΟ

Puzzle 74

```
Α  Τ  Σ  Ύ  Ο  Φ  Τ  W  J  Τ  Ρ  Έ  Ν  Ο  Ο
Α  Κ  Έ  Δ  Ι  Ι  Ά  Ε  Ι  Σ  Β  Ά  Λ  Ε  Ι
Γ  Q  P  U  H  D  Ί  Ε  Θ  Α  Π  Σ  Ο  Ρ  Π
Κ  Ο  Π  Ά  G  I  U  U  I  B  G  H  W  Q  Ό
Ά  Σ  Υ  Ε  Τ  Μ  Π  Ρ  Ό  Κ  Ο  Λ  Ο  Υ  Κ
Λ  Ι  Ρ  Α  C  Ο  Q  H  B  V  Ε  Έ  G  Α  Σ
Ι  Μ  Α  V  Τ  Μ  Σ  Υ  Ο  Λ  Ό  Τ  Ζ  Ο  Ε
Α  Ά  Ύ  W  S  C  Ω  G  X  Ο  F  Λ  Α  Μ  Λ
Σ  Κ  Λ  Ν  D  Ο  Π  B  V  Ζ  D  S  H  H  H
Ε  Υ  Ω  V  Ο  L  Ό  B  V  Μ  U  Ο  Ε  Ψ  Τ
Β  Ο  Ν  Ρ  Υ  Δ  Η  Λ  Η  Τ  Ή  Ρ  Ι  Ο  Ο
Ε  Π  Ι  Β  Ι  Ώ  Σ  Ο  Υ  Ν  Q  G  U  X  C
Ζ  Ζ  Ζ  C  Σ  Υ  Σ  Τ  Ή  Μ  Α  Τ  Ο  Σ  Ζ
Κ  Α  Γ  Κ  Ο  Υ  Ρ  Ό  Α  Ρ  D  D  Μ  U  Ι
```

ΑΓΚΆΛΙΑΣΕ	ΚΑΓΚΟΥΡΌ
ΔΗΛΗΤΉΡΙΟ	ΣΥΣΤΉΜΑΤΟΣ
ΔΈΚΑ	ΤΡΈΝΟ
ΜΠΡΌΚΟΛΟΥ	ΠΥΡΑΎΛΩΝ
ΠΟΥΚΆΜΙΣΟ	ΕΙΣΒΆΛΕΙ
ΦΆΕΙ	ΌΛΟΥΣ
ΌΠΩΣ	ΤΗΛΕΣΚΌΠΙΟ
ΠΡΟΣΠΑΘΕΊ	ΕΠΙΒΙΏΣΟΥΝ
ΨΗΛΌ	ΚΡΆΤΟΣ
ΤΈΛΗ	ΦΟΎΣΤΑ

Puzzle 75

```
D F H Σ Ύ E Γ Π Π P M I N A Ω
Δ P O Σ E P Ό G P Y Y N U I K
I N Ό M E Λ R U O O P Ώ X X E
A A H P U Θ J Q W H N E Z H A
T Z Q Q K I N Q H R Ή Ό T G N
P G Λ Ό Γ O Y Ύ B F Γ R M Ό Ό
Ί V N G Y I D C Σ M H Q Y I F
T A N Ά K A M Ψ H O Λ T E G O
O K O K T Έ I Λ T O Π S E I B
G A P H C M I N Ό K Λ A Π M P
A Π O Γ O H T E Y M Έ N O Σ Ά
M Ά P K E Σ Ό I O Π O Θ H R Δ
K A T A Λ A M B Ά N O Y N J Y
E N Δ I A Φ Έ P O N C H R B Z
```

ΛΕΜΌΝΙ   ΩΚΕΑΝΌ
ΜΆΡΚΕΣ   ΠΛΗΓΉ
ΑΠΟΓΟΗΤΕΥΜΈΝΟΣ   ΑΠΟΣΎΝΘΕΣΗ
ΓΕΎΣΗ   ΠΥΡΕΤΌ
ΗΘΟΠΟΙΌΣ   ΜΠΑΛΚΌΝΙ
ΕΝΔΙΑΦΈΡΟΝ   ΒΡΆΔΥ
ΔΡΟΣΕΡΌ   ΛΌΓΟ
ΧΏΡΟ   ΠΡΟΝΌΜΙΟ
ΑΝΆΚΑΜΨΗ   ΚΟΚΤΈΙΛ
ΤΡΊΤΟ   ΚΑΤΑΛΑΜΒΆΝΟΥΝ

Puzzle 76

```
Φ  Υ  Σ  Χ  Ε  Δ  Ι  Α  Σ  Μ  Ό  Ε  Ε  Ζ  Σ
Ι  Ο  Q  Φ  Ύ  Λ  Λ  Α  Ό  C  Χ  Ί  Κ  Ω  Υ
F  Ρ  Ρ  Χ  V  F  Α  Ί  Τ  Ι  Α  Δ  Α  Γ  Γ
Ν  Ώ  Η  Η  V  Ν  Χ  Ν  Λ  S  S  Η  Τ  Ρ  Κ
Σ  Δ  Q  Η  Τ  Έ  Γ  Η  Α  Ν  V  Ο  Ό  Α  Λ
Α  Ο  Ν  Ο  S  Ό  Ρ  Υ  Π  Κ  Ι  C  F  Φ  Ό
Τ  U  Η  J  Υ  D  Ζ  F  J  Ν  Ά  Α  L  Ι  Ν
Ν  Α  Ν  Α  Φ  Έ  Ρ  Ε  Τ  Α  Ι  Λ  C  Κ  Ι
Ο  D  Σ  Υ  Μ  Π  Ύ  Κ  Ν  Ω  Μ  Α  Υ  Ή  Σ
Γ  Υ  Α  Λ  Ι  Σ  Τ  Ε  Ρ  Ό  Ά  Ε  Ι  Ψ  Ε
Ά  Α  Ε  Ρ  Ί  Ο  Υ  Μ  Ι  V  F  Δ  L  Q  Η
Ρ  Ε  Π  Α  Ν  Έ  Λ  Θ  Ε  Ι  F  V  Ε  Ο  G
Α  F  Ο  U  Υ  L  Υ  W  U  Ρ  L  F  Χ  Ι  Χ
Π  J  Χ  Ν  Ι  D  Μ  Κ  L  L  Μ  Έ  Σ  Η  Α
```

ΦΟΡΗΤΌ	ΔΏΡΟΥ
ΓΥΑΛΙΣΤΕΡΌ	ΣΥΜΠΎΚΝΩΜΑ
ΠΑΛΤΌ	ΑΙΤΊΑ
ΗΓΈΤΗ	ΆΔΕΙΑ
ΕΚΑΤΌ	ΑΝΑΦΈΡΕΤΑΙ
ΕΠΑΝΈΛΘΕΙ	ΕΊΔΗ
ΣΥΓΚΛΌΝΙΣΕ	ΖΩΓΡΑΦΙΚΉ
ΦΎΛΛΑ	ΜΈΣΗ
ΣΧΕΔΙΑΣΜΌ	ΠΑΡΆΓΟΝΤΑΣ
ΑΕΡΊΟΥ	ΑΝΑΚΆΛΥΨΗ

Puzzle 77

```
Α  Π  Ο  Κ  Α  Λ  Ο  Ύ  Ν  J  C  Α  Μ  π  π
Π  Κ  Υ  J  D  Q  Χ  Ώ  Ρ  Α  S  D  Ε  Ρ  Ρ
Ρ  Ι  Ζ  Ι  G  Υ  Α  Χ  Ά  R  V  Τ  Λ  Ό  Α
Ο  Ζ  Ρ  Λ  Α  Χ  Α  Ν  Ι  Κ  Ώ  Ν  Ε  Ο  Κ
Σ  Β  Β  Ι  Ν  Λ  Μ  Ο  Ζ  R  Ι  Ν  Τ  Δ  Τ
Π  Τ  Ν  Κ  Ώ  G  Α  Τ  Χ  R  Ρ  Ρ  Η  Ο  Ι
Ά  Ο  Ζ  Ο  Γ  Κ  R  Σ  Η  L  J  J  Θ  Υ  Κ
Θ  Ε  Ί  Ζ  Α  Μ  Κ  Ι  Π  D  V  Μ  Τ  Χ  Ή
Ε  Ξ  Α  Ν  Ώ  Φ  Β  Χ  Τ  Ω  D  U  Β  Υ  Ε
Ι  Χ  Ό  Μ  Π  Ι  Β  Ά  L  J  Μ  Μ  C  Ζ  Τ
Α  Η  Σ  Η  Β  Μ  Ύ  Λ  Ο  Κ  Q  Έ  Χ  S  Ξ
Έ  Ρ  Ε  Υ  Ν  Α  Τ  Υ  Κ  Ρ  J  L  Ν  Χ  Ί
C  Π  Ή  Δ  Η  Ξ  Ε  Ο  Σ  Ό  Τ  Κ  C  Ο  Ρ
S  D  R  R  J  Η  Ρ  Τ  Υ  Ν  S  G  Τ  J  Μ
```

ΈΡΕΥΝΑ
ΧΌΜΠΙ
ΠΡΑΚΤΙΚΉ
ΑΠΟΚΑΛΟΎΝ
ΧΏΡΑ
ΕΧΘΡΙΚΆ
ΛΑΧΑΝΙΚΏΝ
ΡΊΞΤΕ
ΠΡΌΟΔΟ
ΤΟΥΛΆΧΙΣΤΟΝ

ΦΏΝΑΞΕ
ΤΟΥ
ΠΉΔΗΞΕ
ΑΓΏΝΑ
ΠΡΟΣΠΆΘΕΙΑ
ΚΟΛΎΜΒΗΣΗ
ΜΕΛΈΤΗ
ΜΑΖΊ
ΛΑΣΠΩΜΈΝΟ
ΤΌΣΟ

Puzzle 78

```
N  Φ  E  Π  I  Δ  I  Ώ  K  O  Y  N  K  N  Π
D  Θ  Ό  Π  Λ  O  A  I  E  Γ  J  D  I  Q  O
Σ  H  Λ  Έ  Π  M  E  T  Σ  O  B  A  P  Ό  Δ
Y  N  Ό  N  O  M  A  X  H  H  B  T  S  F  H
O  Ό  T  P  Y  Φ  E  P  Ά  T  B  J  L  V  Λ
Φ  H  Q  A  W  I  Z  V  X  Σ  Ό  W  H  K  A
Ά  M  L  G  L  W  A  E  O  I  M  N  A  A  Σ
Δ  I  A  T  A  P  A  X  Ή  N  G  Ύ  I  B  Ί
E  Σ  U  Ί  X  U  A  E  V  Ό  N  K  Λ  O  A
H  Έ  G  L  B  X  W  I  L  N  G  B  O  O  K
O  Θ  Q  H  C  T  W  J  L  A  I  Π  Ά  Π  E
S  A  T  H  T  Ό  Λ  I  O  K  O  Q  A  I  F
A  I  K  Ύ  T  P  O  U  W  A  D  C  H  U  A
K  Δ  Φ  Ω  T  O  Γ  P  A  Φ  Ί  A  L  A  E
```

ΤΕΜΠΈΛΗΣ
ΜΎΛΟ
ΒΊΑ
ΦΩΤΟΓΡΑΦΊΑ
ΚΟΙΛΌΤΗΤΑ
ΌΠΛΟ
ΕΔΆΦΟΥΣ
ΔΙΑΘΈΣΙΜΗ
ΟΡΤΎΚΙΑ
ΤΡΥΦΕΡΆ

ΑΚΑΝΌΝΙΣΤΗ
ΠΟΔΗΛΑΣΊΑ
ΠΆΠΙΑ
ΚΟΙΝΌΤΗΤΑ
ΔΙΑΤΑΡΑΧΉ
ΕΠΙΔΙΏΚΟΥΝ
ΓΕΙΑ
ΣΟΒΑΡΌ
ΦΘΗΝΌ
ΌΝΟΜΑ

Puzzle 79

```
S  J  Y  D  C  F  L  E  A  B  Π  Σ  G  E  Γ
K  P  Ι  T  Ι  K  Ή  Λ  Λ  P  A  H  J  Ξ  Ι
W  X  E  H  V  S  M  Έ  E  A  Ι  M  D  Ύ  Γ
Y  P  Σ  C  U  S  H  Γ  Ύ  Σ  X  Ά  E  Π  A
K  O  Ή  B  G  H  X  X  P  T  N  N  G  H  N
E  L  P  Q  G  A  A  O  Ι  Ή  Ί  E  W  P  T
T  Ό  Ω  S  C  N  Y  Z  P  Δ  Ι  N  E  Ι
Ι  P  X  T  F  Έ  Ή  U  A  Ι  Ι  T  T  A
O  E  Γ  V  C  A  Φ  Ι  E  P  Ώ  N  Ω  O  Ί
A  M  Y  E  Γ  Ό  Π  A  Σ  Έ  M  Ά  K  Ύ  A
Ι  O  Σ  Y  D  P  O  L  Σ  X  Ι  Γ  V  N  W
Π  P  Ί  Γ  K  Ι  Π  A  Σ  W  V  H  Z  Ω  Ή
Y  T  H  V  S  Q  X  K  C  A  A  T  Z  C  U
E  Y  T  Y  X  Ή  Σ  Ή  N  A  Φ  A  Ι  Δ  B
```

ΣΥΓΧΩΡΉΣΕΙ
ΔΙΑΦΑΝΉΣ
ΒΡΑΣΤΉΡΑ
ΤΗΓΆΝΙ
ΕΞΥΠΗΡΕΤΟΎΝ
ΖΩΉ
ΤΡΟΜΕΡΌ
ΣΗΜΆΝΕΙ
ΣΑΦΈΣ
ΜΗΧΑΝΉ

ΕΥΤΥΧΉΣ
ΑΠΌΓΕΥΜΑ
ΜΈΣΑ
ΚΡΙΤΙΚΉ
ΠΑΙΧΝΊΔΙ
ΕΛΈΓΧΟΥ
ΑΛΕΎΡΙ
ΠΡΊΓΚΙΠΑΣ
ΓΙΓΑΝΤΙΑΊΑ
ΑΦΙΕΡΏΝΩ

Puzzle 80

```
M M Σ A Ί E I Λ A S V M C N Ξ
E Π O Y Θ E P M Ό T H T A Σ E
Π O T E N D Z B O B W D Σ A K
A Y Ά I Ω T E M L L D C Y N O
Γ K Λ Δ Δ F H Ά Λ I E Δ O A Y
Γ Ά Π I Ί G Σ P B D O Z X Π P
E Λ L K T Z E E E O F Z Έ N A
Λ I K Ό Y O Θ T M Ί Y S P E Σ
M A W Σ P T K Y E H S N T Ύ T
A K A I P Ό Έ M K L T X Ό Σ O
T C B X L T T S Ό H L Έ Y T Ύ
I A N T Ί K E Σ M J H U P E N
K P Y P C G I E M W B C H A D
Ή O A M E Λ Ί Σ A B O I Λ H N
```

ΗΛΙΟΒΑΣΊΛΕΜΑ   ΣΥΝΤΗΡΕΊ
ΕΠΑΓΓΕΛΜΑΤΙΚΉ   ΜΠΟΥΚΆΛΙΑ
ΜΗΤΈΡΑ   ΚΑΙΡΌ
ΑΝΑΠΝΕΎΣΤΕ   ΡΥΤΊΔΩΝ
ΒΟΥΝΌ   ΜΎΤΕΡΆ
ΕΙΔΙΚΌΣ   ΤΡΈΧΟΥΣΑ
ΞΕΚΟΥΡΑΣΤΟΎΝ   ΑΛΙΕΊΑΣ
ΠΛΆΤΟΣ   ΚΌΜΜΑ
ΘΕΡΜΌΤΗΤΑΣ   ΔΕΙΛΆ
ΈΚΘΕΣΗ   ΑΝΤΊΚΕΣ

Puzzle 81

```
Π  Υ  Γ  Ο  Λ  Α  Μ  Π  Ί  Δ  Α  R  O  U  E
Ο  Κ  Ε  Κ  Ο  Ρ  Ί  Τ  Σ  Ι  C  W  P  P  Π
V  Α  Ι  Π  Α  Σ  Ο  Τ  Α  Μ  Ί  Α  Ι  Q  Ι
Κ  Τ  Ε  S  Ί  W  J  Ο  Ρ  Τ  R  Ι  Σ  F  Π
Ο  Η  Ι  Κ  Ά  Π  Α  Π  Ύ  Q  Σ  Τ  Μ  F  Τ
Υ  Γ  Η  Υ  Χ  W  Ε  Υ  Μ  C  Ο  Ό  Έ  Ο  Ώ
Δ  Ο  Ρ  Ι  Ο  J  Λ  Δ  Μ  Τ  Μ  Ν  Ν  Π  Σ
Ο  Ρ  Η  Σ  Ω  Ρ  Έ  Μ  Η  Ν  Ε  Ρ  Ε  Ο  Ε
Ύ  Ί  Z  S  Κ  Τ  Τ  L  Λ  Η  Ν  F  Σ  Ί  Ι
Ν  Α  Τ  Η  J  Ν  Ο  V  Π  Ι  Ά  F  Μ  Ο  Σ
Ι  D  Γ  Ρ  Α  Μ  Μ  Α  Τ  Έ  Α  Σ  V  F  Ι
Z  G  Π  Ρ  Ο  Σ  Φ  Ο  Ρ  Ά  Σ  Q  G  S  Χ
Ε  Κ  Α  Τ  Ο  Μ  Μ  Ύ  Ρ  Ι  Α  Α  Υ  Λ  Ή
Α  Π  Ε  Λ  Ε  Υ  Θ  Έ  Ρ  Ω  Σ  Η  Σ  R  E
```

ΠΑΠΆΚΙ	ΚΟΡΊΤΣΙ
ΚΑΤΗΓΟΡΊΑ	ΜΟΤΈΛ
ΑΥΛΉ	ΠΡΟΣΦΟΡΆΣ
ΠΥΓΟΛΑΜΠΊΔΑ	ΝΌΤΙΑ
ΕΝΗΜΈΡΩΣΗ	ΚΟΥΔΟΎΝΙ
ΟΡΙΣΜΈΝΕΣ	ΑΠΕΛΕΥΘΈΡΩΣΗΣ
ΑΊΜΑΤΟΣ	ΟΠΟΊΟ
ΆΝΕΜΟΣ	ΕΠΊΠΕΔΗ
ΠΛΗΜΜΎΡΑ	ΓΡΑΜΜΑΤΈΑΣ
ΕΠΙΠΤΏΣΕΙΣ	ΕΚΑΤΟΜΜΎΡΙΑ

Puzzle 82

```
R  B  Σ  A  Ί  N  Ω  N  I  O  K  I  Π  E  Y
A  M  H  T  Σ  Ά  T  A  K  O  Π  Y  E  E  Π
Γ  Ύ  P  Ω  A  Φ  Έ  P  E  I  Δ  E  P  B  O
S  G  W  Z  J  Φ  X  X  E  V  Ώ  Ξ  I  Δ  Ψ
T  P  Ό  Π  O  Σ  Y  P  M  H  P  A  Σ  O  Ή
U  I  R  A  J  L  T  Λ  T  G  O  Φ  Σ  M  Φ
Π  R  F  U  Z  V  Z  X  I  U  O  A  Ό  Ά  I
C  H  A  Γ  O  P  Ά  Σ  X  Ώ  X  N  T  Δ  O
X  Π  Γ  E  T  Έ  P  A  Σ  R  N  I  E  A  N
O  Έ  P  Ή  Z  I  X  D  J  Y  B  Σ  P  L  O
J  Σ  X  A  P  A  K  T  Ή  P  A  T  O  B  Γ
E  T  Π  O  T  A  M  O  Ύ  Q  H  E  P  G  Ό
E  Ξ  A  I  P  E  T  I  K  Ά  X  Ί  U  A  P
A  C  Z  Δ  I  A  B  E  B  A  I  Ώ  Σ  Ω  Π
```

ΣΤΑΦΥΛΙΏΝ   ΧΑΡΑΚΤΉΡΑ
ΥΠΟΨΉΦΙΟ   ΑΓΟΡΆΣ
ΕΞΑΦΑΝΙΣΤΕΊ   ΤΣΈΠΗ
ΦΈΡΕΙ   ΔΏΡΟ
ΓΎΡΩ   ΠΟΤΑΜΟΎ
ΕΒΔΟΜΆΔΑ   ΠΗΓΉ
ΕΠΙΚΟΙΝΩΝΊΑ   ΠΕΡΙΣΣΌΤΕΡΟ
ΠΡΌΓΟΝΟ   ΤΈΡΑΣ
ΥΠΟΚΑΤΆΣΤΗΜΑ   ΔΙΑΒΕΒΑΙΏΣΩ
ΕΞΑΙΡΕΤΙΚΆ   ΤΡΌΠΟΣ

Puzzle 83

```
X  M  A  N  H  Σ  Y  X  Ί  A  K  R  B  M  Π
I  A  S  N  Ώ  I  Σ  T  I  P  O  K  Q  U  A
K  D  P  N  Ά  C  V  T  M  R  Ύ  Q  F  J  P
A  A  W  T  N  I  P  Π  B  F  Π  X  K  A  A
N  Σ  N  H  A  H  E  W  F  A  A  M  O  B  Γ
Ό  K  X  T  N  E  E  Ή  Θ  E  Λ  E  I  O  Ω
T  H  X  Ό  A  F  T  P  X  M  V  L  S  R  Γ
H  N  C  P  T  N  D  Ό  Γ  X  F  D  R  E  Ή
T  Ή  O  Γ  X  C  A  Y  P  A  Z  D  Ή  M  Σ
A  B  Q  A  U  H  W  K  K  H  Σ  Ώ  T  Π  T
Y  O  Ί  P  H  T  N  Y  Λ  Π  F  Ί  K  E  O
B  A  P  E  Θ  E  Ί  X  O  O  P  F  A  V  T
Π  A  P  Ά  Γ  P  A  Φ  O  R  Ύ  E  Y  Σ  M
Π  P  O  Σ  E  K  T  I  K  O  Ί  N  T  N  V
```

AKTΉ   ΠΑΡΆΓΡΑΦΟ
ΑΝΤΑΝΑΚΛΟΎΝ   ΚΟΎΠΑ
ΑΝΑΝΆ   MOB
ΠΤΏΣΗ   ΠΡΟΣΕΚΤΙΚΟΊ
ΠΑΡΑΓΩΓΉΣ   ΧΑΡΤΑΕΤΌ
ΠΛΥΝΤΗΡΊΟΥ   ΚΟΡΙΤΣΙΏΝ
ΙΚΑΝΌΤΗΤΑ   ΑΓΡΌΤΗ
ΣΚΗΝΉ   ΉΘΕΛΕ
ΑΝΗΣΥΧΊΑ   ΕΡΓΑΣΊΑΣ
ΒΑΡΕΘΕΊ   ΠΡΙΝ

Puzzle 84

```
Π  Σ  Τ  Α  Μ  Α  Τ  Ή  Σ  Ε  Ι  F  A  O  M
L  O  E  Π  Ι  Σ  Τ  Ρ  Ο  Φ  Ή  J  M  X  Έ
P  L  Λ  B  B  P  B  Z  Ό  K  I  Τ  E  Θ  T
P  P  J  Ύ  D  A  N  Ή  Λ  I  K  A  P  Θ  P
D  V  X  I  X  X  Ά  Λ  Y  B  A  L  I  H  I
E  B  O  T  L  P  Δ  Ή  Λ  Ω  Σ  E  K  Σ  A
R  Ύ  Ά  L  P  P  Ω  Q  P  Σ  E  C  A  A  Δ
R  C  P  T  F  O  I  M  S  X  Δ  S  N  Y  Ί
N  S  O  H  P  F  U  V  A  O  Ά  L  I  P  Γ
H  Λ  Ύ  Π  M  A  K  V  E  Λ  I  J  K  Ό  I
Π  Ή  P  E  M  A  X  V  J  I  Λ  U  Ή  B  A
A  Φ  H  Γ  H  T  Ή  O  E  K  I  X  Q  U  T
T  E  T  Ά  P  T  H  Z  Σ  Ή  X  R  L  Z  A
Σ  Y  Γ  K  E  K  P  I  M  Έ  N  H  V  K  K
```

ΕΎΡΗΜΑ	ΠΉΡΕ
ΠΟΛΎΧΡΩΜΑ	ΧΙΛΙΆΔΕΣ
ΒΆΤΡΑΧΟΣ	ΑΦΗΓΗΤΉ
ΤΕΤΆΡΤΗ	ΑΜΕΡΙΚΑΝΙΚΉ
ΑΝΉΛΙΚΑ	ΘΕΤΙΚΌ
ΣΧΟΛΙΚΉ	ΚΑΤΑΙΓΊΔΑ
ΜΈΤΡΙΑ	ΘΗΣΑΥΡΌ
ΣΥΓΚΕΚΡΙΜΈΝΗ	ΧΆΛΥΒΑ
ΕΠΙΣΤΡΟΦΉ	ΔΉΛΩΣΕ
ΣΤΑΜΑΤΉΣΕΙ	ΚΑΜΠΎΛΗ

Puzzle 85

```
Σ Π Ά Ν Ι Ο Χ Κ Ά Ρ Δ Α Μ Ο Q
Β Ι Σ Q E Z A P L A M L E Π S
R R O X N I E D Ή C M K P P Z
O W Λ Χ Ά T A K Χ Σ T A Γ O N
T Y H N B Ί V T N L H Λ A Χ Δ
Φ Ι Λ Ί M Π P Ά P C O Ή T Ω A
S A Λ U A Σ Ί J K I T I I P N
J N Ά S Λ W L S A K I K Ή E
Χ Χ Π D I T R V S R M Ή O Σ Ί
K Χ Y L P Γ Έ Φ Y P A Π Ύ E Σ
H N H Σ E P Ί A I Δ N R T I T
Χ H C O Π K E Φ Ά Λ A I O O H
J M D I Λ E O Π Ά P Δ A Λ H K
Π O Y P N Ά P I A Χ Ω P I Ό E
```

KΆΡΔΑΜΟ   ΠΡΟΧΩΡΉΣΕΙ
ΣΠΊΤΙ   ΦΙΛΊ
ΔΙΑΊΡΕΣΗ   ΥΠΆΛΛΗΛΟΣ
ΕΡΓΑΤΙΚΟΎ   ΠΟΥΡΝΆΡΙΑ
ΛΕΟΠΆΡΔΑΛΗ   ΔΑΝΕΊΣΤΗΚΕ
ΠΕΡΙΛΑΜΒΆΝΕΙ   ΚΕΦΆΛΑΙΟ
ΊΣΑ   ΧΡΉΣΗ
ΣΠΆΝΙΟ   ΧΩΡΙΌ
ΙΑΤΡΙΚΉ   ΓΈΦΥΡΑ
ΆΚΑΜΠΤΟ   ΚΑΛΉ

Puzzle 86

```
Υ  Π  Ρ  Ο  Σ  Ε  Γ  Γ  Ί  Ζ  Ο  Υ  Ν  Φ  Ο
Π  R  C  A  Ο  Ί  Λ  B  Ι  B  R  A  M  T  Δ
Ο  V  C  Δ  Ι  Α  Χ  Ε  Ί  Ρ  Ι  Σ  Η  Ά  Ο
Κ  Τ  Ώ  Ύ  Ρ  Ο  Ί  Ά  Λ  Λ  Ε  Σ  Ο  Σ  Ν
Α  W  Τ  Ο  Ί  L  L  Ν  Ζ  G  G  U  Ι  Ε  Τ
Τ  Δ  Σ  Κ  Τ  Ή  Κ  Ι  Τ  Κ  Ρ  Α  Κ  Ι  Ό
Ά  Ρ  Ι  Ρ  Κ  D  Α  Ρ  Η  Σ  Η  Q  Ο  Π  B
Σ  C  Ρ  Α  Φ  G  Ν  Κ  Ι  Κ  Ε  W  Ν  Ά  Ο
Τ  H  Α  G  Τ  Ο  Ζ  Ε  U  Έ  U  Σ  Ο  Χ  Υ
Α  Κ  Χ  R  Q  Ή  Ρ  U  F  Ν  D  Ζ  M  G  Ρ
Τ  F  Υ  L  D  Η  Ρ  Έ  Α  Τ  Σ  Ζ  Ι  Ι  Τ
Ο  Q  Ε  Κ  F  Η  Κ  Η  Σ  Ρ  L  Ο  Κ  U  Σ
Υ  Π  Η  Λ  Ί  Κ  Ο  Υ  Σ  Ο  Κ  U  Ή  Χ  Α
Μ  Ε  Ι  Ο  Ψ  Η  Φ  Ί  Α  Η  Ά  Λ  Ο  Γ  Ο
```

ΔΙΑΧΕΊΡΙΣΗ
ΦΟΡΈΣ
ΚΤΊΡΙΟ
ΦΤΆΣΕΙ
ΠΗΛΊΚΟ
ΠΡΟΣΕΓΓΊΖΟΥΝ
ΕΥΧΑΡΙΣΤΏ
ΑΡΚΤΙΚΉ
ΆΛΟΓΟ
ΑΡΚΟΎΔΑ

ΧΆΠΙ
ΚΈΝΤΡΟ
ΆΛΛΕΣ
ΥΠΟΚΑΤΆΣΤΑΤΟΥ
ΔΙΑΤΉΡΗΣΗ
ΊΝΤΣΕΣ
ΟΔΟΝΤΟΒΟΥΡΤΣΑ
ΜΕΙΟΨΗΦΊΑ
ΟΙΚΟΝΟΜΙΚΉ
ΒΙΒΛΊΟ

Puzzle 87

```
Z  L  Σ  T  A  Ι  X  C  M  E  Z  Π  Δ  E  Δ
H  G  Ί  D  F  N  O  J  T  Π  E  P  A  N  A
X  Z  Γ  H  Φ  P  O  M  Ό  Ι  Q  Ό  K  T  N
O  K  O  A  J  Ι  F  Ί  Ι  Σ  H  T  T  O  E
O  Ι  Y  E  K  F  Z  Q  X  Φ  O  A  Ύ  Π  Ί
N  A  P  G  K  Ό  T  N  G  A  Ι  Σ  Λ  Ί  Z
Έ  T  A  Ό  N  K  M  E  Y  Λ  P  H  Ι  Σ  O
M  N  Έ  Δ  H  M  A  A  X  Ή  Ά  B  O  E  Y
Ω  Ύ  A  Ί  N  Ω  Φ  M  Y  Σ  N  U  Σ  T  N
T  O  Π  O  Θ  E  T  Ή  Σ  T  E  X  H  E  K
Ι  M  K  Y  P  Ί  A  P  X  H  Σ  N  G  V  G
P  Ι  A  Λ  Λ  H  Λ  O  Γ  P  A  Φ  Ί  A  E
A  M  Σ  E  Λ  Έ  T  O  Π  A  F  Q  C  H  N
X  Σ  Y  N  Έ  Δ  P  Ι  O  M  Q  G  L  A  S
```

ΣΥΜΦΩΝΊΑ	ΔΑΚΤΎΛΙΟΣ
ΤΟΠΟΘΕΤΉΣΤΕ	ΜΗΔΈΝ
ΧΑΡΙΤΩΜΈΝΟ	ΌΡΙΟ
ΑΚΌΜΑ	ΑΠΟΤΈΛΕΣΜΑ
ΣΥΝΈΔΡΙΟ	ΌΜΟΡΦΗ
ΣΕΝΆΡΙΟ	ΕΝΤΟΠΊΣΕΤΕ
ΣΊΓΟΥΡΑ	ΜΙΜΟΎΝΤΑΙ
ΒΡΑΧΊΟΝΑ	ΠΡΌΤΑΣΗ
ΕΠΙΣΦΑΛΉΣ	ΔΑΝΕΊΖΟΥΝ
ΚΥΡΊΑΡΧΗ	ΑΛΛΗΛΟΓΡΑΦΊΑ

Puzzle 88

```
Έ  X  L  I  Δ  A  Π  L  C  Y  R  W  A  L  P
K  T  U  R  Y  N  A  R  U  C  K  Y  M  K  Y
A  A  Σ  J  T  Έ  N  Ώ  F  T  Y  J  Q  N  Θ
T  N  H  I  I  X  T  Δ  Q  X  N  C  V  C  M
Ά  H  N  O  K  E  E  E  V  H  T  F  Y  B  Ί
Σ  Σ  Ύ  N  Ή  T  Λ  Π  Ί  N  M  A  K  Σ  Σ
T  Y  Σ  A  Γ  Ό  I  N  Ύ  O  Π  A  Σ  E
H  X  O  Φ  O  I  N  Λ  F  O  T  R  L  Ξ  T
M  O  T  Ή  Λ  Q  I  Έ  Ά  Θ  O  T  L  Ω  E
A  Ύ  Σ  P  I  F  A  Ξ  K  X  N  P  F  T  H
U  N  I  E  Π  T  G  T  P  A  G  E  N  I  Z
V  O  Π  Π  E  Σ  H  E  H  T  U  J  Y  K  Q
R  V  M  Y  J  A  E  X  Ό  N  A  K  I  Ό  L
Σ  Ί  E  Δ  Y  E  Ψ  T  X  E  H  Q  R  T  D
```

ΣΚΑΜΝΊ
ΙΚΑΝΌ
ΥΠΕΡΉΦΑΝΟΙ
ΈΤΣΙ
ΕΔΏ
ΨΕΥΔΕΊΣ
ΚΑΤΆΣΤΗΜΑ
ΠΑΝΤΕΛΌΝΙΑ
ΣΕΤ
ΕΠΙΛΟΓΉ

ΑΝΈΧΕΤΑΙ
ΡΥΘΜΊΣΕΤΕ
ΕΜΠΙΣΤΟΣΎΝΗΣ
ΕΝΤΑΧΘΟΎΝ
ΆΚΡΗ
ΣΑΠΟΎΝΙ
ΞΩΤΙΚΌ
ΕΠΙΛΈΞΤΕ
ΔΥΤΙΚΉ
ΑΝΗΣΥΧΟΎΝ

Puzzle 89

```
Μ Έ Λ Λ Ο Ν Q Κ Γ Δ Λ Λ Τ Δ Χ
Κ Έ Ν Τ Ρ Ι Κ Ό Ε Ι Ε Ε Ε Ο Κ
Ν Υ Φ Ί Τ Σ Α Ο Ν Α Π Ι Χ Κ Π
Τ Ι Ν Χ Μ C F Α Ν Θ Τ Τ Ν Ι Ρ
Q Α Ι Η Γ Α W Β Α Έ Ο Ο Ο Μ Ό
Q Τ Χ Ν Β Ρ Κ W Ί Τ Μ Υ Λ Α Κ
Q Ν W Υ Ρ V Α Ρ Α Ο Έ Ρ Ο Σ Λ
Ό Ο R Θ Δ Υ Η Μ Ύ Υ Ρ Γ Τ Η
Ρ Θ F Ύ L Ρ G F Μ Ν Ε Ί Ί Ι Σ
Ο Ά Q Ε C L Ό W Μ Ή Ι Α Α Κ Η
Σ Κ Η Π Q G Β Μ Ζ Q Α L Μ Ή Β
W U S Υ Ι Ι Ζ Ύ Ο Π Ρ Α Κ Τ Η
Ξ Ε Χ Ν Ά Μ Ε S Η Σ Ί Ρ Κ Χ Q
G Ρ Κ Η Π Ρ Ο Κ Ε Ι Μ Έ Ν Ο Υ
```

ΛΕΠΤΟΜΈΡΕΙΑ   ΛΕΙΤΟΥΡΓΊΑ
ΔΙΑΘΈΤΟΥΝ   ΠΡΌΚΛΗΣΗ
ΓΡΑΜΜΉ   ΔΟΚΙΜΑΣΤΙΚΉ
ΓΕΝΝΑΊΑ   ΞΕΧΝΆΜΕ
ΝΥΦΊΤΣΑ   ΤΕΧΝΟΛΟΓΊΑ
ΌΡΟΣ   ΚΕΝΤΡΙΚΌ
ΥΠΕΎΘΥΝΗ   ΤΑΧΥΔΡΌΜΟΣ
ΜΈΛΛΟΝ   ΚΑΡΠΟΎΖΙ
ΠΡΟΚΕΙΜΈΝΟΥ   ΚΆΘΟΝΤΑΙ
ΚΡΊΣΗ   ΜΑΚΡΎ

Puzzle 90

```
Έ  H  L  M  F  Ύ  Λ  O  Π  W  S  D  Z  S  Ά
Δ  T  Σ  Ό  U  U  L  M  R  Ί  T  A  I  Γ  P
E  V  Ή  K  Έ  V  D  O  S  Φ  L  M  Θ  D  E
I  Ά  K  I  T  K  E  Σ  O  P  Π  P  Ά  U  Σ
Ξ  B  I  T  H  T  S  Π  Z  A  A  G  Λ  T  E
E  P  N  Σ  Π  D  N  O  C  K  Ό  Λ  A  Π  A
M  R  Φ  A  A  L  V  N  A  N  T  Ί  K  E  F
Γ  U  A  I  Γ  X  E  Δ  I  Y  A  C  U  Δ  M
G  Ά  Ξ  Σ  A  T  Ό  I  Γ  O  K  B  E  I  M
K  O  M  Y  S  Q  K  A  Ω  P  A  Ί  O  K  M
D  T  D  O  S  Z  D  K  R  Θ  G  I  E  T  E
J  I  O  F  S  F  K  Ή  M  D  E  S  Q  Ύ  F
K  A  Λ  Ύ  T  E  P  H  N  Z  S  Ί  L  O  R
Δ  Y  T  I  K  Ά  C  N  U  A  B  J  A  Y  A
```

ΚΑΛΎΤΕΡΗ	ΠΡΟΣΕΚΤΙΚΆ
ΑΝΤΊ	ΟΥΣΙΑΣΤΙΚΌ
ΩΡΑΊΟ	ΚΑΡΦΊ
ΘΕΊΑ	ΚΟΓΪΌΤ
ΔΙΚΤΎΟΥ	ΓΆΜΟ
ΞΑΦΝΙΚΉΣ	ΆΡΕΣΕ
ΓΙΑΤΊ	ΔΥΤΙΚΆ
ΑΠΑΛΌ	ΠΟΛΎ
ΈΔΕΙΞΕ	ΚΑΛΆΘΙ
ΑΓΑΠΗΤΈ	ΟΜΟΣΠΟΝΔΙΑΚΉ

Puzzle 91

```
Δ W F E Ρ Ά Β Ω L Π Μ Σ Τ Δ Δ
Α Ε Q Η Ύ D O X V O Ε Η Ρ Ι Ρ
Π Σ Μ Ή Ν Θ Ε Ι Δ Λ Τ Μ Ο Ε Α
Α Η F Έ L Υ Υ Α F Λ Α Α Π Υ Σ
Σ Ν Κ Ε Ν Q U Μ R Α Ξ Ν Ο Κ Τ
Χ Ί Τ D Α Α Β R Ο Π Έ Τ Π Ρ Η
Ο Κ G Α Τ Ά Γ G Ι Λ Ν Ι Ο Ι Ρ
Λ Ε D Ο Ή Ζ Μ F Γ Α Ι Κ Ί Ν Ι
Η Ξ Ε Π Ί Σ Η Σ Ύ Σ Α Ό Η Ί Ό
Μ Β F Ρ Ε Μ U R Ρ Ι Υ Α Σ Σ Τ
Έ J Μ Η Θ U Ρ Υ Ε Α Ζ Ο Η Ε Η
Ν Ά Ν Χ Υ Σ V Τ Σ L G Τ Ι Τ
Ο S Ν Ε Ε Β J Ρ Π Μ Κ V Ο Ν Α
Σ Ε J Ε Δ Α Μ Η Τ Ό Ρ Κ Γ Υ Σ
```

ΠΤΕΡΎΓΙΟ   ΔΕΜΈΝΑ
ΣΥΓΚΡΌΤΗΜΑ   ΔΡΑΣΤΗΡΙΌΤΗΤΑ
ΡΆΒΩ   ΜΕΤΑΞΈΝΙΑ
ΣΗΜΑΝΤΙΚΌ   ΝΤΟΥΣ
ΤΡΟΠΟΠΟΊΗΣΗ   ΓΆΤΑ
ΕΎΘΥΜΟ   ΞΕΚΊΝΗΣΕ
ΔΙΕΥΚΡΙΝΊΣΕΙ   ΔΕΧΘΕΊ
ΑΠΑΣΧΟΛΗΜΈΝΟΣ   ΉΤΑΝ
ΠΟΛΛΑΠΛΑΣΙΑΣΜΌ   ΕΠΊΣΗΣ
ΣΥΧΝΆ   ΔΙΕΘΝΉ

Puzzle 92

```
Σ  Υ  Ν  Ε  Δ  Ρ  Ί  Α  Σ  Η  Υ  W  K  W  T
Ή  K  Α  I  Σ  O  Δ  Α  Ρ  Α  Π  Υ  F  U  O
O  Q  R  I  Α  C  K  U  H  F  O  V  G  W  M
W  T  V  N  V  O  F  J  Z  H  Σ  Ά  Ρ  Δ  Ή
Π  Α  Ρ  Ε  Λ  Θ  Ό  Ν  Ή  M  T  Ό  B  Σ  Σ
U  Ί  Q  Ή  M  F  I  Υ  Φ  D  H  O  T  Έ  U
Θ  Ε  Ρ  Μ  Ό  T  Ε  Ρ  O  Σ  Ρ  Ρ  I  K  J
Α  Ρ  Ρ  Γ  H  B  Q  S  Ρ  K  Ί  Γ  Δ  I  E
X  O  Ά  I  T  Υ  O  B  T  Έ  Z  Ά  I  T  N
N  Γ  W  T  J  O  Q  N  Σ  I  O  N  Ω  Υ  A
K  H  Α  Σ  Υ  O  Θ  Ί  Α  K  Υ  Ω  T  E  B
W  T  Α  Ί  T  H  M  Α  T  Α  N  Σ  I  Ρ  K
Z  Α  N  Ί  Z  Υ  O  K  Α  L  O  H  K  O  D
Ρ  K  Λ  Ί  Π  O  Σ  N  K  J  Q  F  Ά  X  L
```

ΣΥΝΕΔΡΊΑΣΗ
ΧΟΡΕΥΤΙΚΈΣ
ΔΡΆΣΗ
ΚΑΤΗΓΟΡΕΊ
ΣΤΙΓΜΉ
ΒΟΥΤΙΆ
ΕΚΤΌΣ
ΑΊΤΗΜΑ
ΙΔΙΩΤΙΚΆ
ΑΊΘΟΥΣΑ

ΚΑΤΑΣΤΡΟΦΉ
ΘΕΡΜΌΤΕΡΟΣ
ΠΑΡΕΛΘΌΝ
ΚΟΥΖΊΝΑ
ΥΠΟΣΤΗΡΊΖΟΥΝ
ΠΑΡΑΔΟΣΙΑΚΉ
ΛΊΠΟΣ
ΤΟΜΉΣ
ΟΡΓΆΝΩΣΗ
ΚΈΙΚ

Puzzle 93

```
Ά  Κ  D  Ζ  Τ  Ε  Σ  Ω  Λ  Ά  Γ  Ε  Μ  Α  Ρ
Χ  Ν  Ο  Ρ  Χ  V  F  W  Ο  Ρ  Τ  Η  Ν  Ί  Κ
D  G  Ε  Π  Ν  Q  L  Ε  Υ  D  L  Ι  Ρ  Ζ  V
Α  Ρ  Κ  Σ  Ά  Q  Ν  C  Λ  Π  Π  Α  Ι  Δ  Ί
C  J  Ο  Ν  Η  Δ  Q  G  Ο  Α  Ε  Τ  Π  Ί  Π
Η  Σ  Η  Κ  Ί  Ο  Ι  Δ  Ύ  Λ  Υ  Ν  Ρ  Δ  Ο
Σ  Π  Α  Ρ  Ω  Δ  Ί  Α  Δ  Ι  Τ  Ο  Ο  Ρ  Ι
Η  S  Α  Τ  Q  Ε  J  Α  Ι  Ά  Υ  Χ  Σ  Υ  Κ
Ξ  Χ  Ρ  Μ  Ο  Υ  Σ  Ι  Κ  Ή  Χ  Έ  Ω  Μ  Ι
Ύ  V  Χ  Ρ  Κ  Ν  V  C  Υ  G  Ώ  Δ  Π  Α  Λ
Α  J  Ή  Μ  Ι  Μ  Α  Ζ  Η  Ζ  Σ  Α  Ι  Ε  Ί
Ε  Ι  Δ  Ο  Π  Ο  Ί  Η  Σ  Η  Q  Ρ  Κ  Υ  Α
Τ  Α  Χ  Ύ  Τ  Η  Τ  Α  Σ  Κ  Μ  Α  Ά  V  Μ
Υ  Π  Ε  Ν  Θ  Υ  Μ  Ί  Σ  Ω  R  Π  Ι  Ν  Ζ
```

ΠΑΡΩΔΊΑ	ΤΑΧΎΤΗΤΑΣ
ΊΔΡΥΜΑ	ΆΝΕΣΗ
ΛΟΥΛΟΎΔΙ	ΠΡΟΣΩΠΙΚΆ
ΠΑΙΔΊ	ΠΟΙΚΙΛΊΑ
ΠΑΛΙΆ	ΜΟΥΣΙΚΉ
ΑΡΧΉ	ΥΠΕΝΘΥΜΊΣΩ
ΚΊΝΗΤΡΟ	ΕΥΤΥΧΏΣ
ΜΕΓΆΛΩΣΕ	ΠΑΡΑΔΈΧΟΝΤΑΙ
ΑΎΞΗΣΗ	ΕΙΔΟΠΟΊΗΣΗ
ΚΟΠΆΔΙ	ΔΙΟΊΚΗΣΗ

Puzzle 94

```
X  A  D  L  I  E  Π  T  D  H  Δ  E  A  O  Q
I  Π  T  I  C  Ξ  P  Σ  O  P  E  X  D  P  Z
O  O  N  Ό  M  Y  O  Ή  I  C  Ί  K  F  Γ  S
N  Σ  Σ  M  K  Π  Σ  K  Σ  G  Π  H  Σ  A  K
Ά  T  T  Θ  L  H  B  A  Ί  E  N  Y  T  N  B
N  O  E  Y  U  P  Ά  I  K  N  O  D  Y  Ώ  E
Θ  Λ  P  P  B  E  Λ  N  I  L  Δ  P  Λ  Σ  Ξ
P  Ή  Ή  J  K  T  Λ  H  S  H  G  Y  Ό  E  E
Ω  Σ  Σ  S  U  I  O  Λ  T  G  N  O  N  I  T
Π  H  E  E  S  K  Y  E  A  I  V  Π  B  O  Ά
O  X  I  A  T  Ό  N  Σ  K  N  E  Ά  S  T  Σ
Σ  Y  N  O  Ψ  Ί  Z  O  Y  N  Z  K  F  Z  E
F  T  S  A  E  V  E  C  N  A  Έ  P  Ω  Σ  I
K  I  N  H  M  A  T  O  Γ  P  Ά  Φ  O  Σ  Z
```

ΔΕΊΠΝΟ
ΚΑΤΣΙΚΊΣΙΟ
ΣΤΥΛΌ
ΕΞΥΠΗΡΕΤΙΚΌ
ΣΥΝΟΨΊΖΟΥΝ
ΜΌΝΟ
ΧΙΟΝΆΝΘΡΩΠΟ
ΚΆΠΟΥ
ΚΌΤΑ
ΡΥΘΜΌ

ΑΠΟΣΤΟΛΉΣ
ΣΤΕΡΉΣΕΙ
ΈΡΩΣ
ΚΊΝΔΥΝΟ
ΚΙΝΗΜΑΤΟΓΡΆΦΟΣ
ΕΊΤΕ
ΠΡΟΣΒΆΛΛΟΥΝ
ΟΡΓΑΝΏΣΕΙ
ΕΞΕΤΆΣΕΙ
ΣΕΛΗΝΙΑΚΉΣ

Puzzle 95

```
Ε  Ι  Ε  Σ  Ή  Τ  Ο  Δ  Ο  Τ  Α  Μ  Η  Σ  Μ
Κ  Α  Ε  Σ  Φ  Ά  Λ  Μ  Α  Α  Ν  Ι  Μ  Α  Υ
Ν  Υ  Ξ  F  G  Z  Y  H  W  Ι  Ά  Π  Ώ  Ί  Θ
Ε  Τ  Α  Κ  Ρ  Ύ  Ο  Π  U  C  Γ  Π  Ν  Ρ  Ο
Υ  Ο  Ι  Μ  T  L  E  E  G  Z  Ν  Α  Γ  Ο  Π
Ρ  Π  Ρ  Α  Ε  Κ  Κ  Ρ  L  Η  Ω  Σ  Γ  Γ  Λ
Ι  Ε  Ε  Γ  Ζ  Ε  Υ  Π  C  Ζ  Σ  Ί  Υ  Η  Α
Σ  Π  Τ  Ε  Π  Ι  Ο  Α  Ρ  Ώ  Η  Α  Σ  Τ  Σ
Μ  Ο  Ι  Υ  Ο  Μ  Υ  Τ  Η  Ω  Σ  Σ  R  Α  Ί
Έ  Ί  Κ  Τ  Τ  Έ  Α  Ά  J  Ν  G  Ο  V  Κ  Α
Ν  Θ  Ή  Ι  Έ  Ν  Μ  Ε  Τ  Α  Φ  Ο  Ρ  Ά  Σ
Ο  Η  Ν  Κ  Μ  Ο  L  Β  Ι  Ο  Λ  Ε  Τ  Ί  Χ
Σ  Σ  G  Ή  Ν  Υ  Ο  Ύ  Ε  Ρ  Ι  Ε  Γ  Α  Μ
Κ  Η  Κ  Α  Θ  Η  Γ  Η  Τ  Ή  Σ  Μ  P  S  A
```

ΑΥΤΟΠΕΠΟΊΘΗΣΗ	ΖΏΩΝ
ΚΑΤΗΓΟΡΊΑΣ	ΜΕΤΑΦΟΡΆΣ
ΕΚΝΕΥΡΙΣΜΈΝΟΣ	ΣΗΜΑΤΟΔΟΤΉΣΕΙ
ΜΑΓΕΙΡΕΎΟΥΝ	ΠΕΡΠΑΤΆ
ΚΡΎΟ	ΙΠΠΑΣΊΑΣ
ΑΝΆΓΝΩΣΗΣ	ΒΙΟΛΕΤΊ
ΚΑΘΗΓΗΤΉΣ	ΜΥΘΟΠΛΑΣΊΑ
ΣΥΓΓΝΏΜΗ	ΠΟΤΈ
ΕΞΑΙΡΕΤΙΚΉ	ΣΦΆΛΜΑ
ΚΕΙΜΈΝΟΥ	ΜΑΓΕΥΤΙΚΉ

Puzzle 96

```
Έ  Υ  Χ  Α  Ρ  Ι  Σ  Τ  Η  Μ  Έ  Ν  Ο  Σ  Μ
Ε  Λ  Κ  Υ  Σ  Τ  Ι  Κ  Ή  Κ  Σ  Ε  Μ  S  E
Α  Θ  Β  F  Ε  Τ  Ο  Π  Ή  Δ  Ι  Τ  Ο  D  T
Π  Υ  Π  Ό  Δ  Ι  Α  Υ  Κ  Π  Ε  Ε  Υ  Α  Ε
Α  Μ  W  J  Η  Σ  V  C  Α  Ρ  Σ  Ψ  Σ  Λ  Γ
Γ  Ω  Χ  Ε  Ν  Ο  Α  Ε  Θ  Ο  Ύ  Ύ  Υ  Έ  Κ
Ο  Μ  Ε  Χ  Ύ  Ν  Ί  Ε  Ί  Π  Δ  Λ  Γ  Ν  Α
Ρ  Έ  C  Χ  Θ  Ε  Σ  Ν  Σ  Ο  Α  Α  Χ  Α  Τ
Ε  Ν  U  Ο  Υ  Μ  Α  Μ  Μ  Ν  Τ  Κ  Έ  Κ  Ά
Ύ  Ο  C  L  Ε  Ύ  Τ  Π  Α  Η  Α  Α  Ο  V  Σ
Ο  Σ  Β  Κ  V  Ο  Σ  Ύ  Τ  Τ  Κ  Ν  Υ  Ρ  Τ
Υ  Κ  Ά  Ι  Ρ  Ο  Ρ  Ο  Ή  Α  Α  Ν  S  A
Ν  F  Υ  Ο  Τ  Α  Ρ  Α  Σ  Α  Β  D  Ρ  Ο  Σ
S  R  U  L  R  Χ  Π  G  C  Ζ  Ν  D  R  C  H
```

ΚΑΤΑΔΎΣΕΙΣ	ΕΥΘΎΝΗ
ΘΥΜΩΜΈΝΟΣ	ΕΛΚΥΣΤΙΚΉ
ΚΑΘΊΣΜΑΤΟΣ	ΠΡΟΠΟΝΗΤΉ
ΣΥΓΧΈΟΥΝ	ΜΠΎΡΑ
ΜΕΤΕΓΚΑΤΆΣΤΑΣΗ	ΚΑΝΈΛΑ
ΑΝΑΚΑΛΎΨΕΤΕ	ΚΆΤΙ
ΣΤΥΛ	ΠΡΟΣΤΑΣΊΑ
ΠΌΔΙΑ	ΑΠΑΓΟΡΕΎΟΥΝ
ΕΥΧΑΡΙΣΤΗΜΈΝΟΣ	ΟΤΙΔΉΠΟΤΕ
ΧΑΡΟΎΜΕΝΟΣ	ΧΘΕΣ

Puzzle 97

```
Α  Δ  Ε  Ε  Τ  Ή  Σ  Ι  Α  Ε  D  Ο  Ε  Έ  Ε
Π  Η  Κ  Δ  U  Φ  Β  Ρ  Ά  Σ  Η  Ο  Τ  Ν  Ν
Ο  Μ  Φ  Ι  Ε  Ρ  Ά  Π  Ό  Κ  Ι  Π  Ο  Τ  Θ
Σ  Ο  Ρ  Α  D  Ο  V  Υ  Υ  Ε  Υ  Μ  Μ  Ε  Ο
Τ  Κ  Ά  Χ  Ν  Μ  R  Ν  Χ  W  Τ  D  Ε  Κ  Υ
Ο  Ρ  Σ  Ε  Κ  Ι  Β  Ρ  Α  Β  Ε  Ί  Ο  Α  Σ
Λ  Α  Ε  Ί  V  Α  Ι  Ν  Ό  Π  Μ  Υ  Σ  F  Ι
Ή  Τ  Ι  Ρ  Ν  Υ  Ο  Ν  Ί  Ε  Τ  Ο  Ρ  Π  Α
Α  Ι  G  Ι  Η  D  Ν  Υ  Ο  G  V  Κ  U  D  Σ
Η  Κ  Υ  Σ  S  Μ  Κ  G  Μ  Κ  Ι  Α  F  W  Μ
V  Ή  F  Η  C  Ζ  Ύ  Ι  Υ  Π  Κ  Τ  Q  S  Έ
Χ  Τ  Β  Σ  Ζ  F  Κ  Ι  Ο  Ν  Ό  Ά  Ν  W  Ν
Χ  Έ  Ρ  Ι  R  J  Σ  Α  Ύ  Ρ  Α  Η  R  Ι  Ο
Σ  Υ  Ν  Α  Ι  Σ  Θ  Η  Μ  Α  Τ  Ι  Κ  Ή  Σ
```

ΑΠΟΣΤΟΛΉ
ΤΟΠΙΚΌ
ΣΥΜΠΌΝΙΑ
ΒΡΑΒΕΊΟ
ΔΗΜΟΚΡΑΤΙΚΉ
ΚΎΚΝΟ
ΕΚΦΡΆΣΕΙ
ΜΟΡΦΉ
ΕΝΘΟΥΣΙΑΣΜΈΝΟΣ
ΣΑΎΡΑ

ΣΥΝΑΙΣΘΗΜΑΤΙΚΉ
ΠΡΟΤΕΊΝΟΥΝ
ΒΡΆΣΗ
ΠΆΡΕΙ
ΈΝΤΕΚΑ
ΧΈΡΙ
ΚΑΟΥΜΠΌΗ
ΕΤΉΣΙΑ
ΔΙΑΧΕΊΡΙΣΗΣ
ΚΑΤΆ

Puzzle 98

```
Ε Π Ι Χ Ε Ί Ρ Η Σ Η Σ Ο Η C Σ
C Β Α Π Μ Ά Λ Φ Ύ Λ Λ Ο Σ Ζ Υ
Π Υ Ρ Ο Σ Β Έ Σ Τ Η Σ Q Υ Q Γ
Ι Σ Ε Ρ Ώ Α Π Ο Φ Α Ν Θ Ε Ί Κ
Ή J Τ J Κ G R Ι Σ Κ Υ J Ρ Π Ε
U Γ Ί L Ν D S Δ Υ Κ Ο Α Ρ Λ Κ
W Ε Α Χ Ύ C W Έ Ν Ν Ζ Ν Ά Ο Ρ
Υ L Ι Λ Ο V G Χ Ή C Ά Κ Τ Ί Ι
W Τ Δ Ε Λ Ε F Σ Θ Ό Ε Α Α Α Μ
D Α Ι V Ι Α J Η Ε V Ρ Μ Κ Ρ Έ
Δ Ε Δ Ο Μ Έ Ν Α Ι Τ Η Α Κ Χ Ν
Α Ν Ύ Ο Τ Ι Α Π Α V Π D Θ Ο Ε
Ι Υ Ν Ο Λ Λ Ά Β Ι Ρ Ε Π Ζ Α Σ
Φ Α Ν Τ Α Σ Τ Ε Ί Τ Ε Ρ Χ Ε Κ
```

ΠΕΡΙΒΆΛΛΟΝ	ΚΑΘΑΡΌ
ΣΥΓΚΕΚΡΙΜΈΝΕΣ	ΜΙΛΟΎΝ
ΦΑΝΤΑΣΤΕΊΤΕ	ΔΕΔΟΜΈΝΑ
ΑΠΟΦΑΝΘΕΊ	ΕΠΙΧΕΊΡΗΣΗΣ
ΦΎΛΛΟ	ΠΥΡΟΣΒΈΣΤΗΣ
ΛΆΜΠΑ	ΙΔΙΑΊΤΕΡΑ
ΑΛΛΑΓΉ	ΑΠΑΙΤΟΎΝ
ΏΡΕΣ	ΚΑΤΆΡΡΕΥΣΗ
ΣΥΝΉΘΕΙΑ	ΕΠΗΡΕΆΖΟΥΝ
ΣΧΈΔΙΟ	ΠΛΟΊΑΡΧΟ

Puzzle 99

```
O  F  E  M  M  Γ  D  Σ  Έ  Θ  H  Λ  A  N  E
A  C  K  E  E  E  E  H  W  A  Λ  B  Ί  X  M
R  X  A  Λ  Γ  N  Y  I  Y  N  I  D  O  G  Π
G  T  Θ  Έ  Ά  E  W  W  N  A  Έ  Δ  Λ  Σ  O
A  I  H  T  Λ  Θ  M  O  M  K  Λ  E  E  Ή  P
E  I  Γ  H  E  Λ  O  Π  M  A  A  I  Γ  T  I
N  A  H  Z  Σ  Ί  B  M  X  T  I  Λ  S  N  K
I  T  T  Y  M  Ω  B  Ό  Q  Έ  O  Ό  Z  Y  Ή
C  E  Ή  C  K  N  C  K  X  Ψ  F  Σ  K  Θ  G
I  X  Σ  A  H  Ξ  I  P  Ή  T  Σ  O  Π  Y  L
Q  Γ  J  Ώ  G  F  Σ  A  Ί  E  Γ  Y  A  E  S
I  Έ  Q  C  I  A  T  N  O  Θ  Ά  K  F  I  N
P  Λ  A  U  W  E  Δ  Y  N  A  T  Ό  N  Δ  A
A  E  Z  N  Ύ  O  M  I  T  O  P  Π  Y  L  G
```

ΥΠΟΣΤΉΡΙΞΗ	ΔΕΙΛΌΣ
ΥΓΕΊΑΣ	ΜΠΟΛ
ΔΥΝΑΤΌΝ	ΑΝΑΚΑΤΈΨΤΕ
ΜΕΙΏΣΕΙ	ΗΛΙΈΛΑΙΟ
ΑΛΗΘΈΣ	ΠΡΟΤΙΜΟΎΝ
ΜΕΓΆΛΕΣ	ΕΛΈΓΧΕΤΑΙ
ΓΕΝΕΘΛΊΩΝ	ΔΙΕΥΘΥΝΤΗΣ
ΚΌΜΠΟ	ΜΕΛΈΤΗ
ΕΜΠΟΡΙΚΉ	ΚΆΘΟΝΤΑΙ
ΓΕΛΟΊΑ	ΚΑΘΗΓΗΤΉΣ

Puzzle 100

```
Θ  L  W  R  P  Y  N  D  A  I  X  M  Σ  Z  L
Ε  Κ  Ν  Σ  Η  Σ  Ά  Β  Ξ  Δ  Ό  O  Κ  C  V
Ρ  Ό  Φ  Α  Υ  Γ  Ά  C  Ί  I  Μ  Τ  O  C  G
Μ  Μ  Ά  F  D  O  X  Ρ  Z  Ω  Π  Ί  Τ  Κ  W
O  Σ  Λ  Κ  W  Κ  Λ  V  Ε  I  Β  Ε  Q  M
Κ  I  Α  X  I  Ρ  Υ  Ό  I  I  O  O  I  U
Ρ  Γ  I  Π  Ί  Τ  Σ  A  S  D  H  N  G  U
Α  O  Ν  I  Κ  Κ  Ό  Κ  I  Ά  X  F  Ό  Y  I
Σ  Λ  Α  Υ  Π  Ε  Ρ  Α  Σ  Π  I  Σ  Τ  Ε  Ί
Ί  O  Α  I  Ρ  V  R  Q  Λ  Z  G  L  C  X  M
Α  Π  Ρ  Ρ  Φ  Η  Τ  Α  Μ  Ό  Τ  Y  A  M  V
Σ  Υ  Κ  F  D  Ά  W  R  C  D  Γ  U  P  N  M
H  J  E  O  P  H  Λ  Κ  Ό  Λ  O  O  D  Y  W
D  G  Ί  N  Q  L  N  E  Κ  O  M  M  Ά  Τ  I
```

ΚΟΜΜΆΤΙ	ΟΛΌΚΛΗΡΟ
ΒΆΣΗΣ	ΣΚΟΤΕΙΝΌ
ΘΕΡΜΟΚΡΑΣΊΑΣ	ΥΠΕΡΑΣΠΙΣΤΕΊ
ΕΛΆΦΙΑ	ΑΥΤΌΜΑΤΗ
ΠΊΤΣΑ	ΑΡΚΕΊ
ΥΠΟΛΟΓΙΣΜΌ	ΑΥΓΆ
ΦΆΛΑΙΝΑ	ΌΛΟΥΣ
ΜΟΤΊΒΟ	ΛΌΓΟ
ΚΌΚΚΙΝΟ	ΧΌΜΠΙ
ΑΞΊΖΕΙ	ΙΔΙΩΤΙΚΆ

Puzzle 1

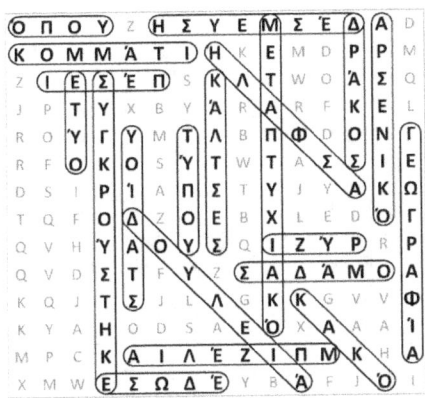

Puzzle 2

Puzzle 3

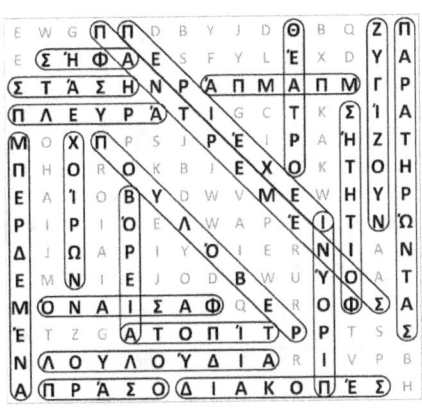

Puzzle 4

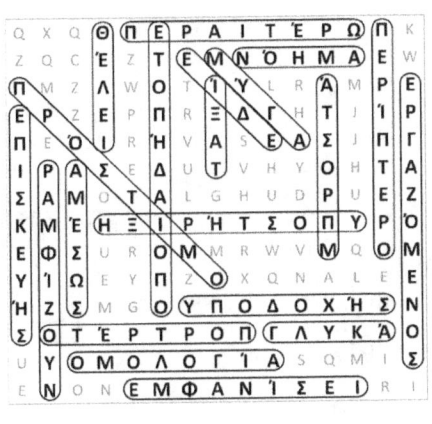

Puzzle 5

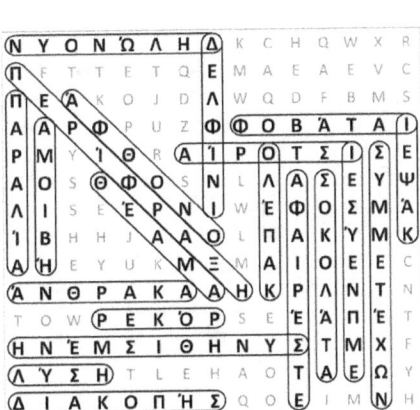

Puzzle 6

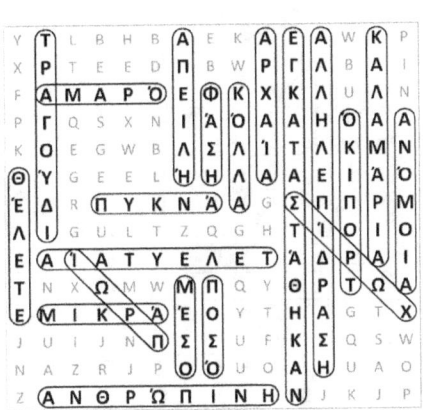

Puzzle 7

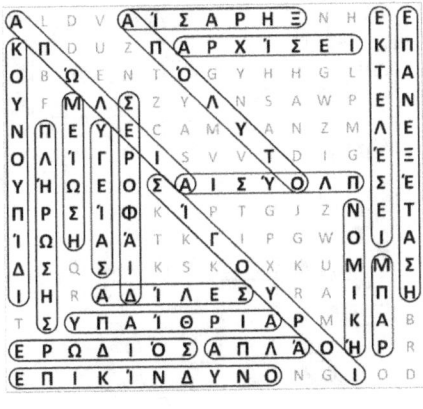

Puzzle 8

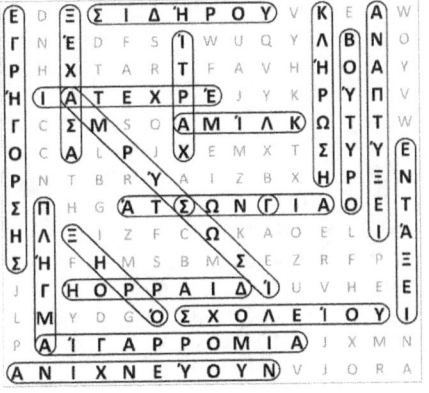

Puzzle 9

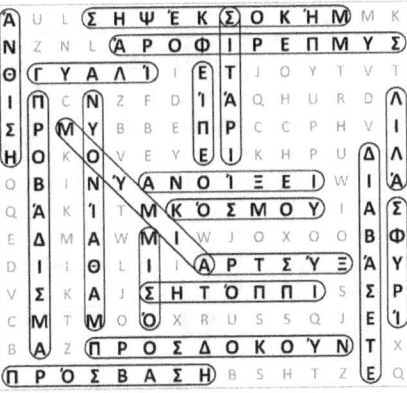

Puzzle 10

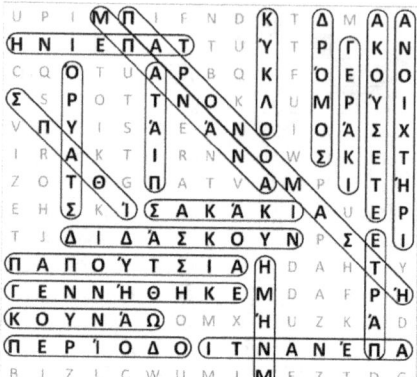

Puzzle 11

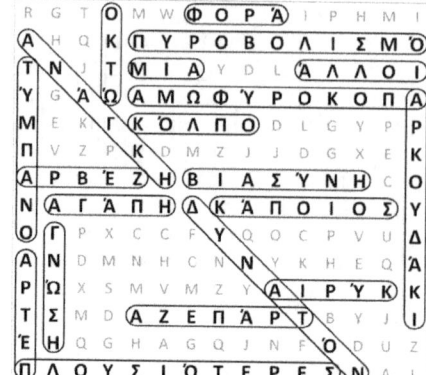

Puzzle 12

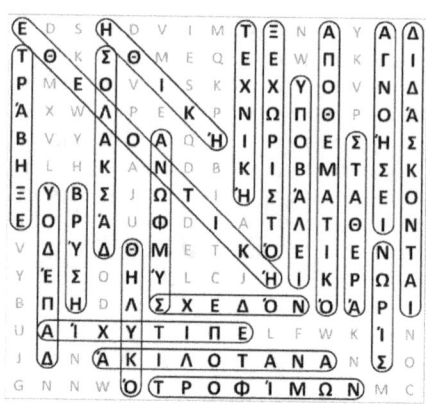

Puzzle 13

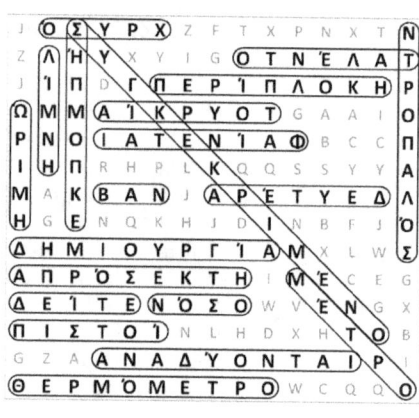

Puzzle 14

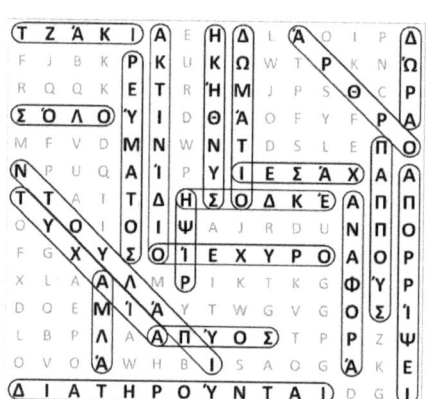

Puzzle 15

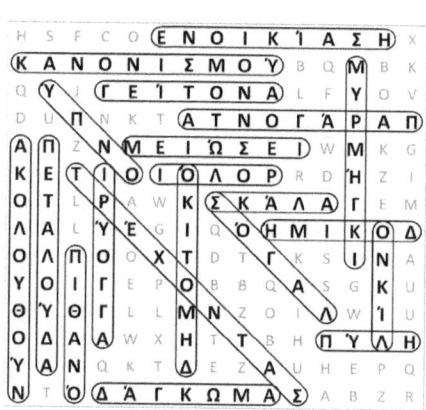

Puzzle 16

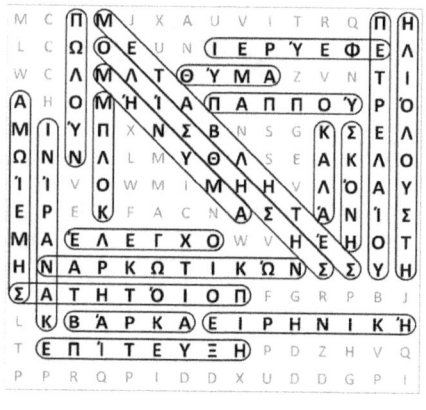

Puzzle 17

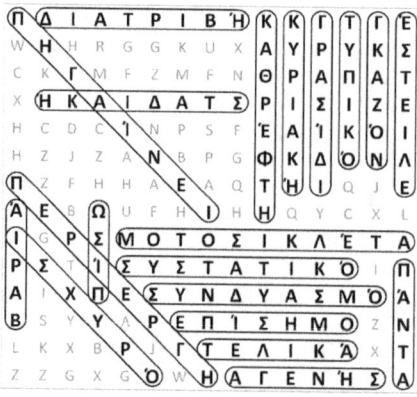

Puzzle 18

Puzzle 19

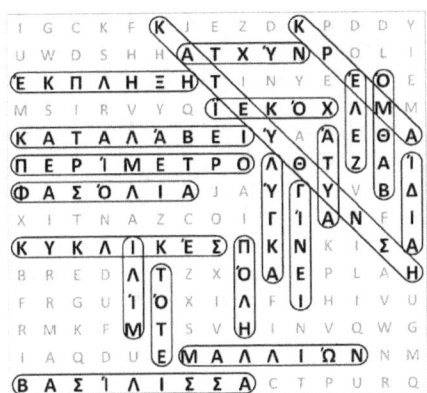

Puzzle 20

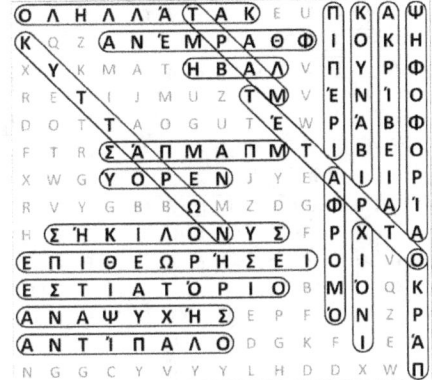

Puzzle 21

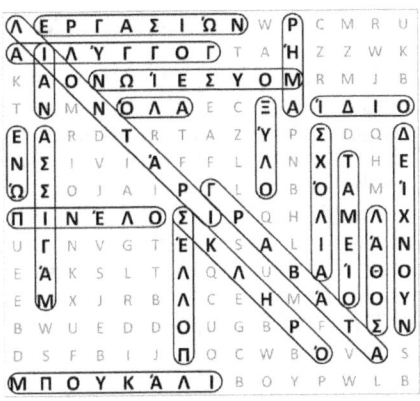

Puzzle 22

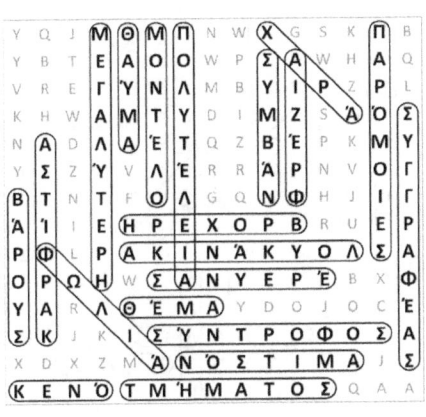

Puzzle 23

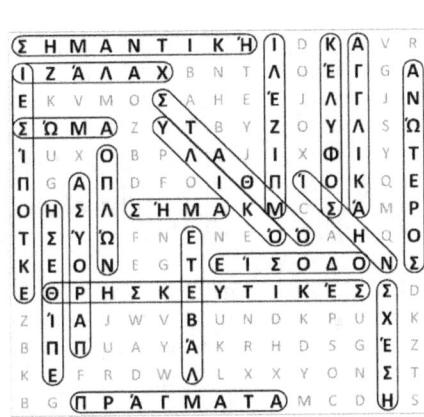

Puzzle 24

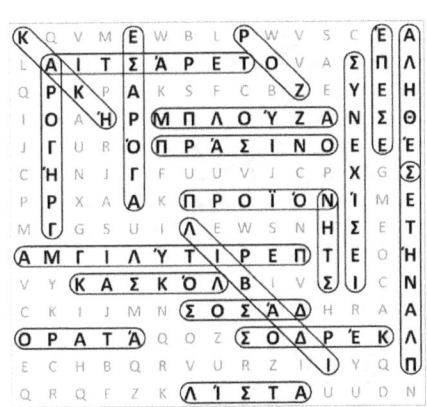

Puzzle 25

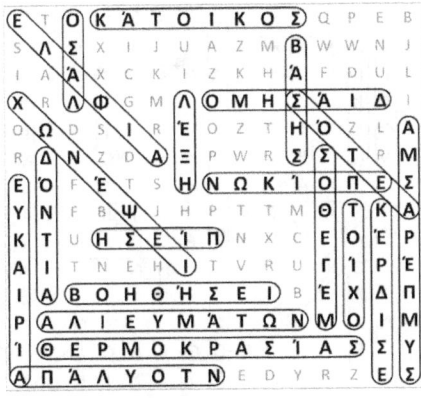

Puzzle 26

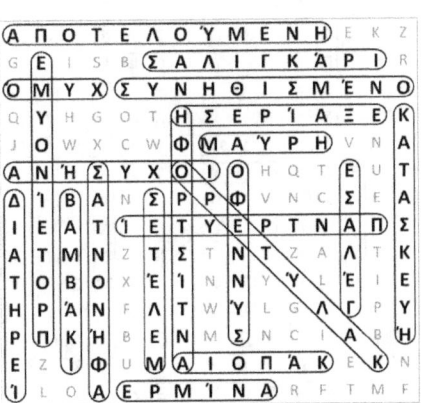

Puzzle 27

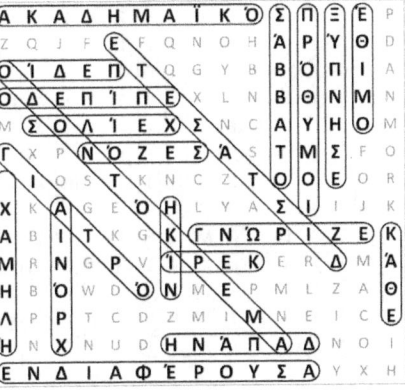

Puzzle 28

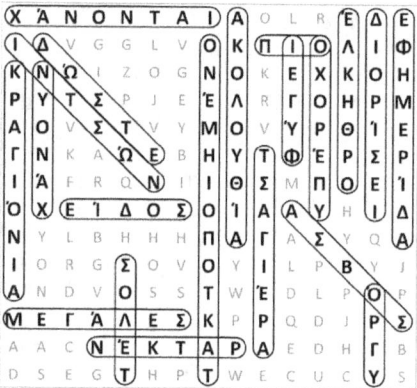

Puzzle 29

Puzzle 30

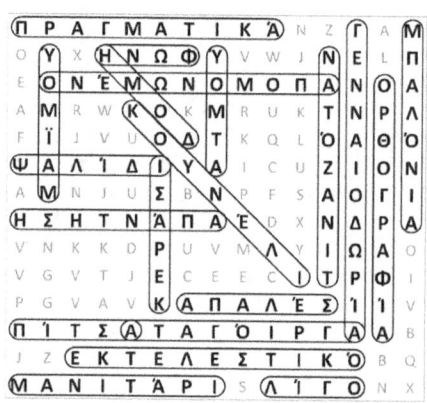

Puzzle 31

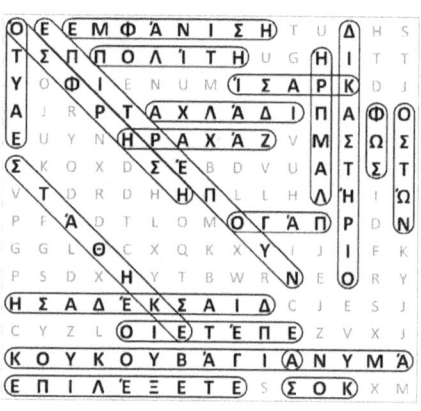

Puzzle 32

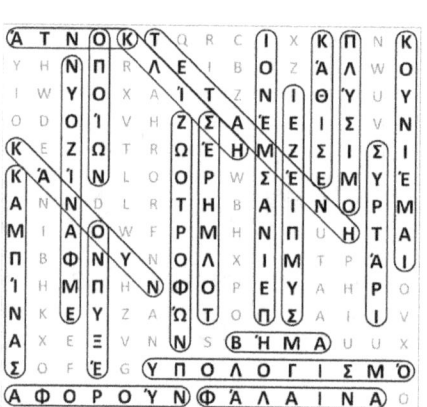

Puzzle 33

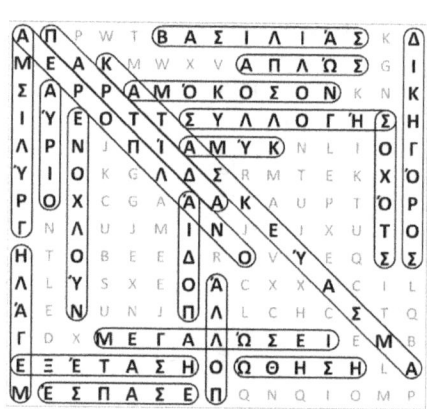

Puzzle 34

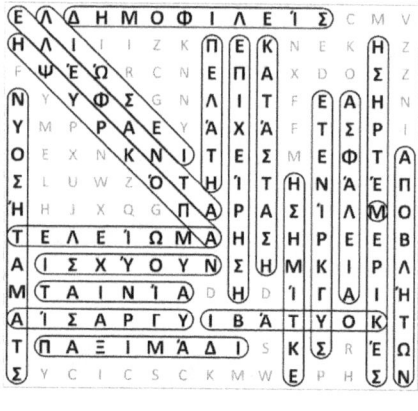

Puzzle 35

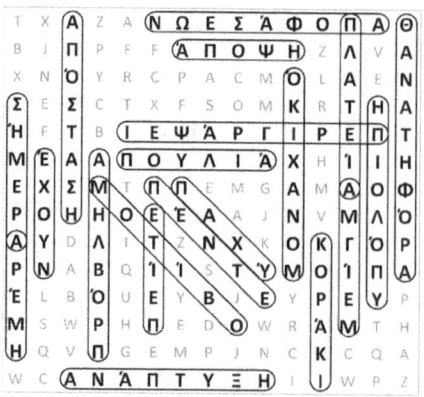

Puzzle 36

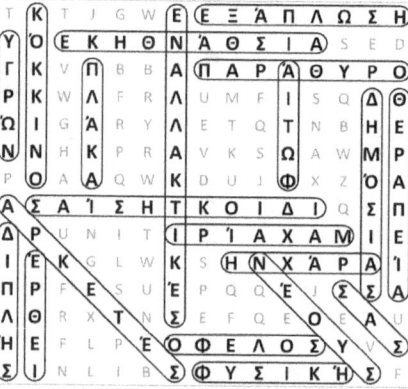

Puzzle 37

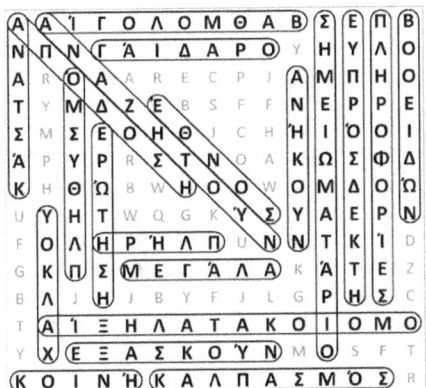

Puzzle 38

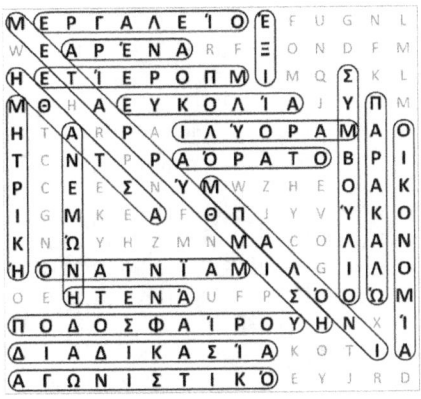

Puzzle 39

Puzzle 40

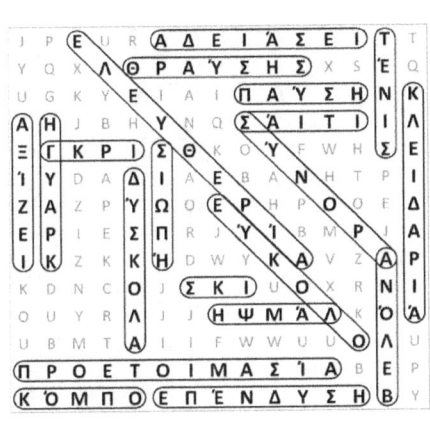

Puzzle 41

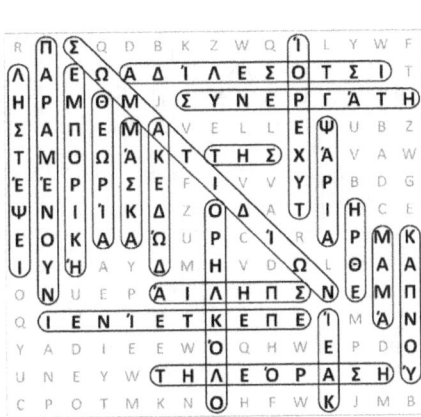

Puzzle 42

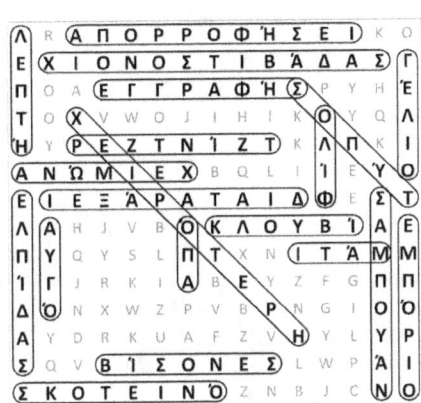

Puzzle 43

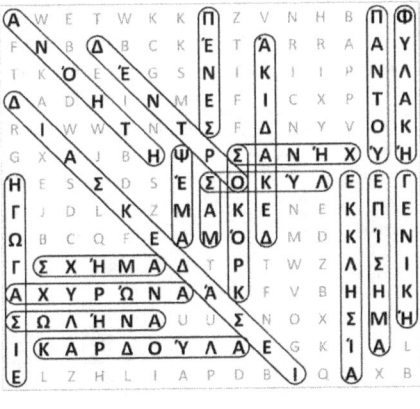

Puzzle 44

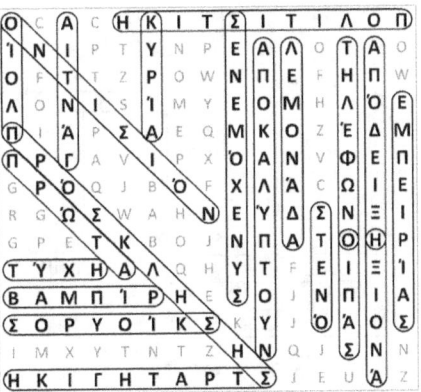

Puzzle 45

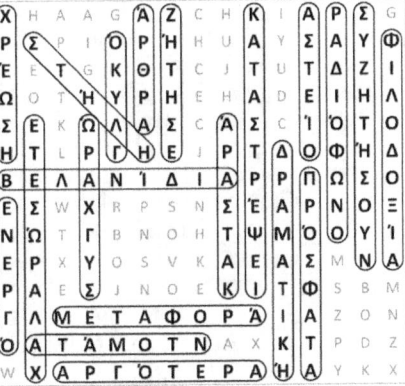

Puzzle 46

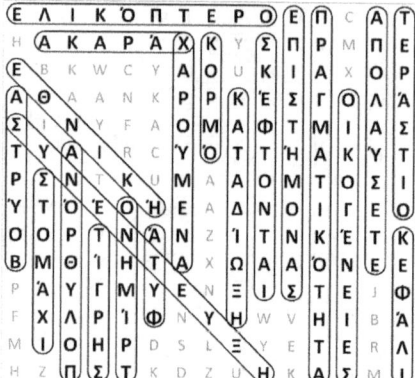

Puzzle 47

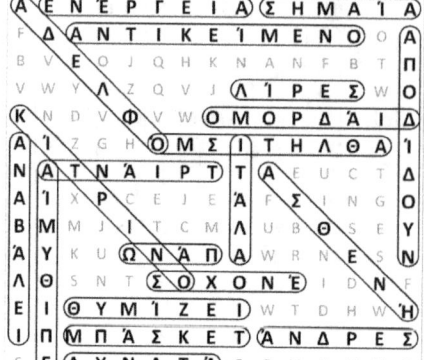

Puzzle 48

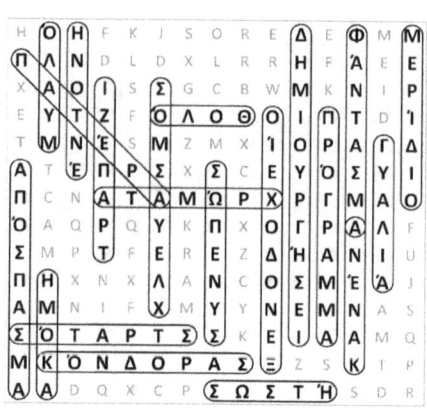

Puzzle 49

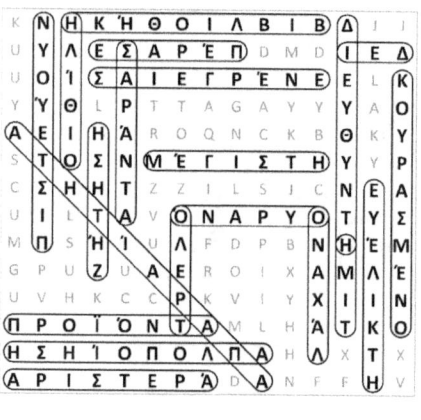

Puzzle 50

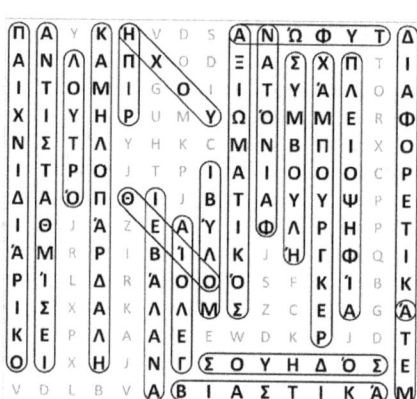

Puzzle 51

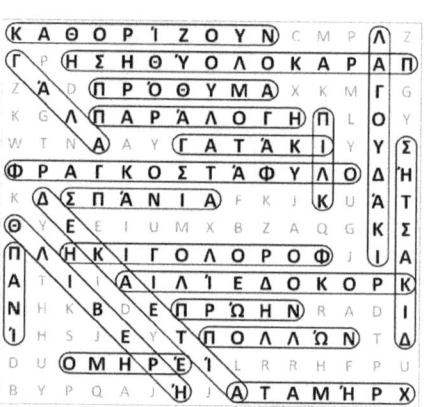

Puzzle 52

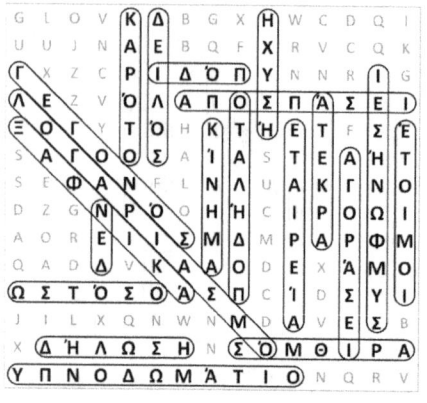

Puzzle 53

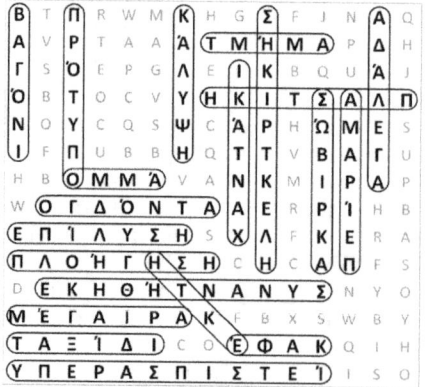

Puzzle 54

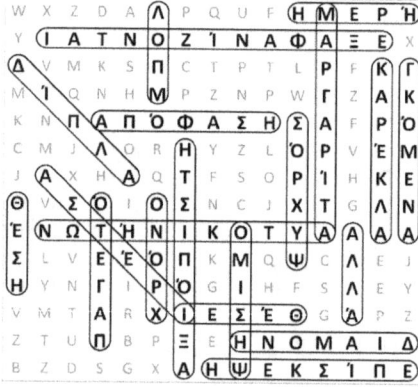

Puzzle 55

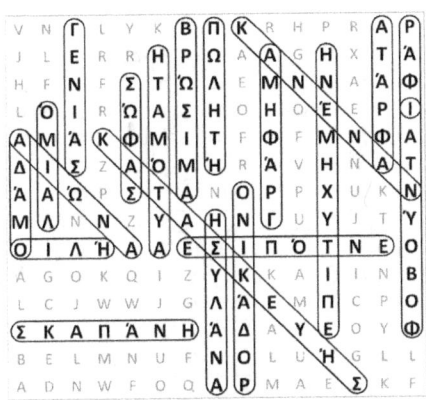

Puzzle 56

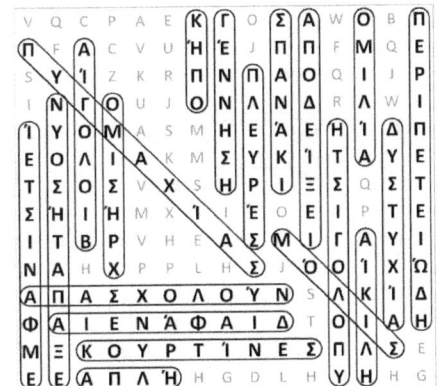

Puzzle 57

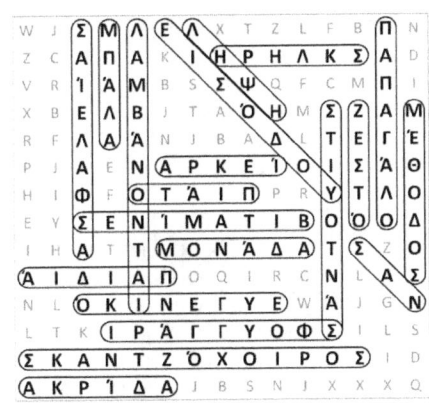

Puzzle 58

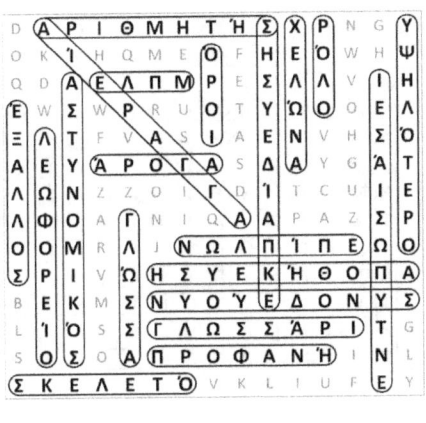

Puzzle 59

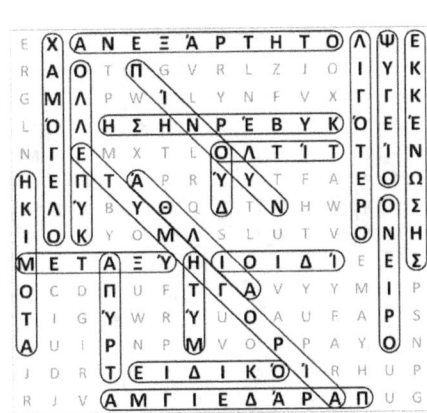

Puzzle 60

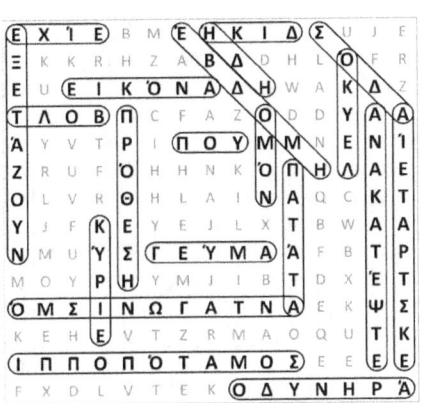

Puzzle 61

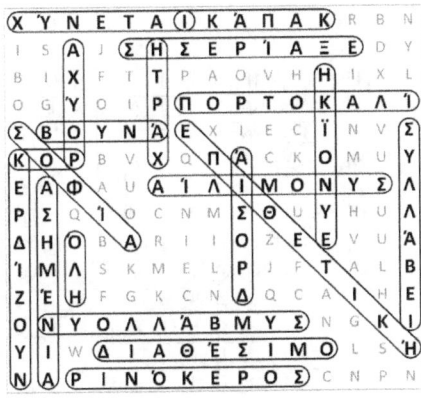

Puzzle 62

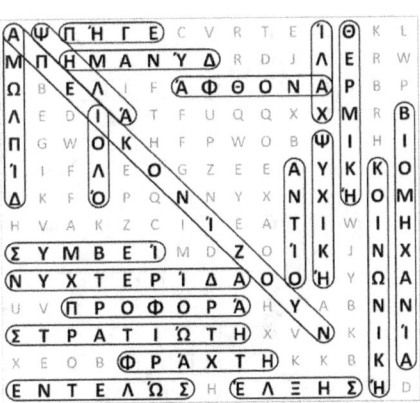

Puzzle 63

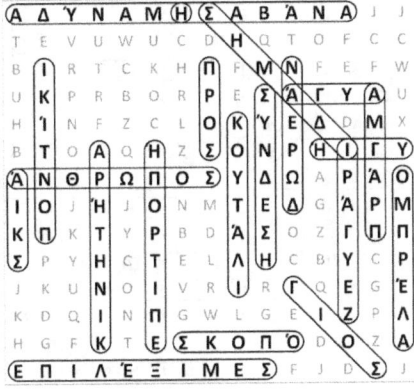

Puzzle 64

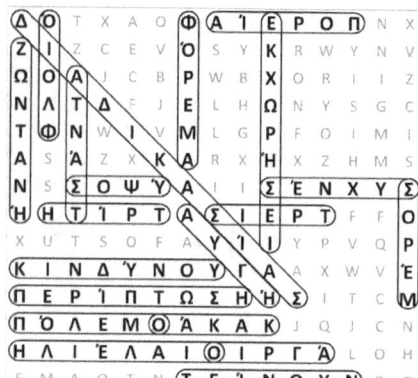

Puzzle 65

Puzzle 66

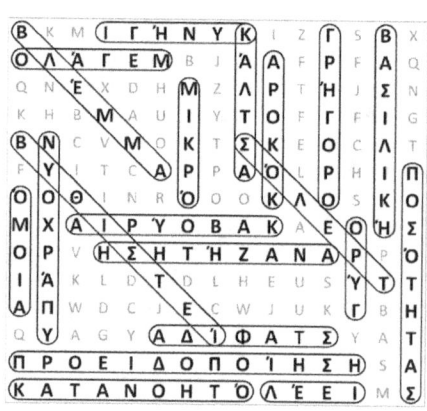

Puzzle 67

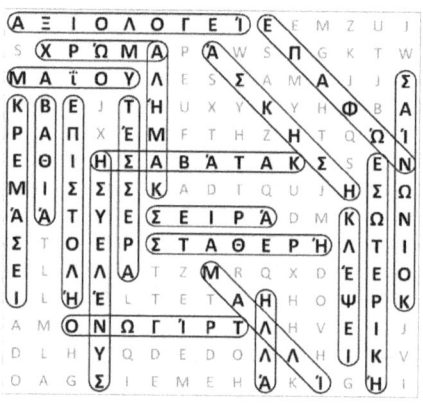

Puzzle 68

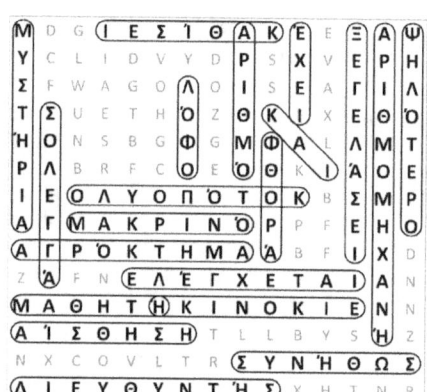

Puzzle 69

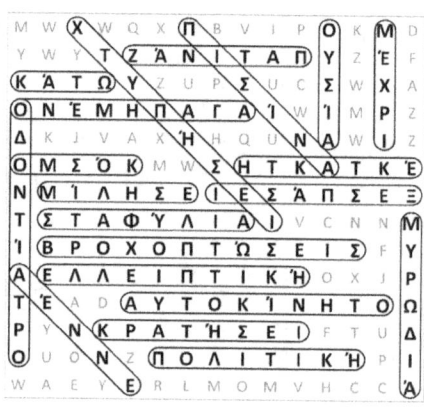

Puzzle 70

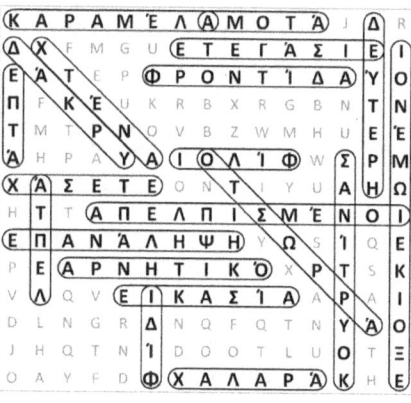

Puzzle 71

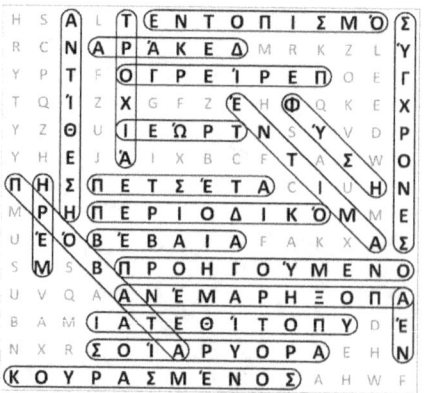

Puzzle 72

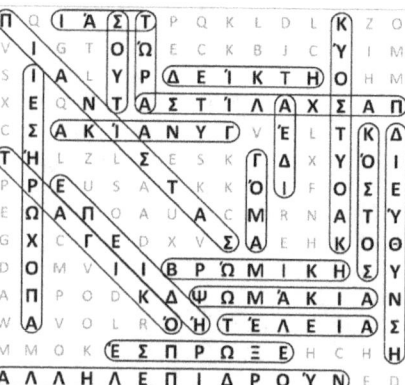

Puzzle 73

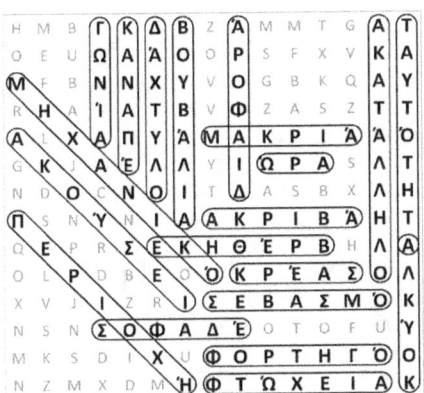

Puzzle 74

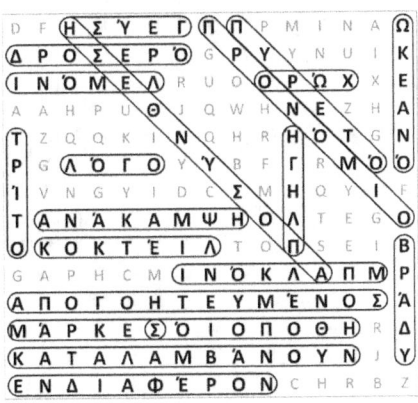

Puzzle 75

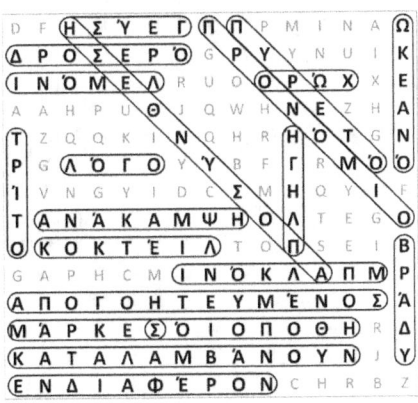

Puzzle 76

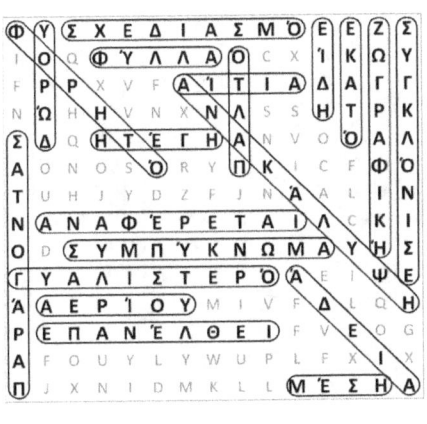

Puzzle 77

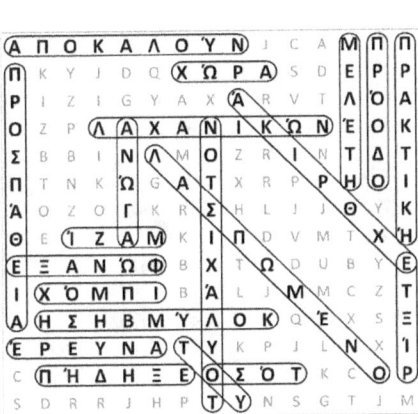

Puzzle 78

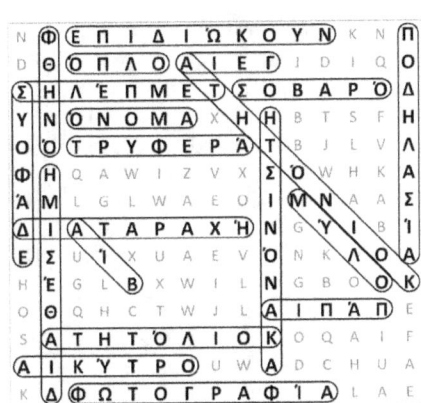

Puzzle 79

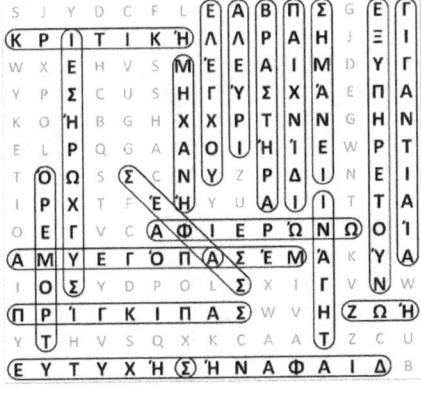

Puzzle 80

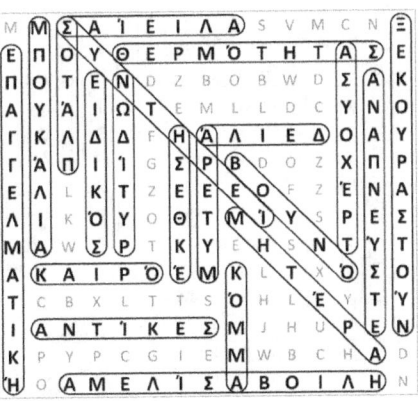

Puzzle 81

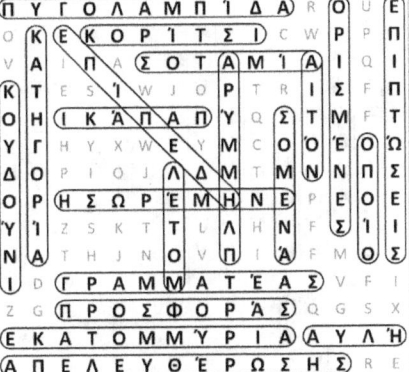

Puzzle 82

Puzzle 83

Puzzle 84

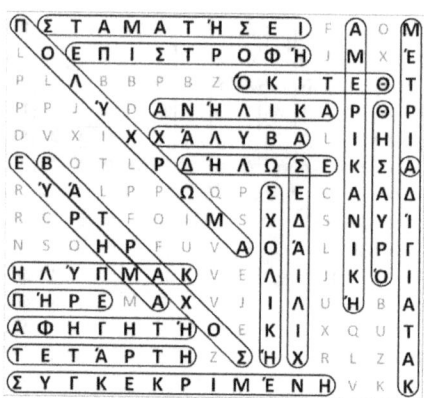

Puzzle 85

Puzzle 86

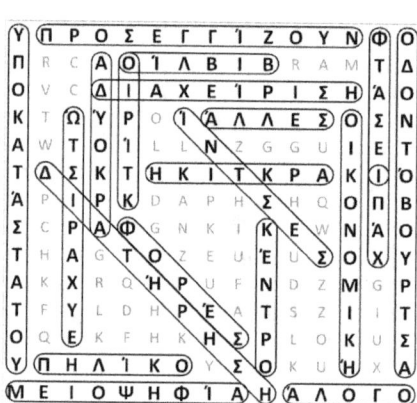

Puzzle 87

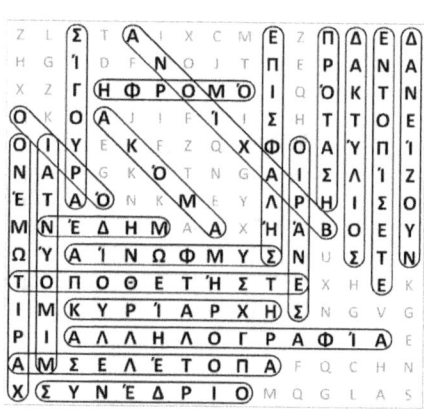

Puzzle 88

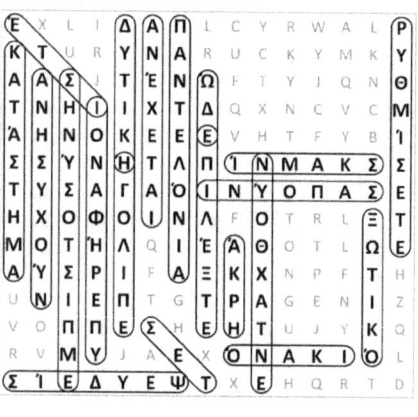

Puzzle 89

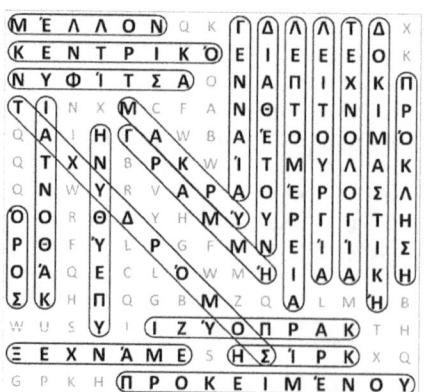

Puzzle 90

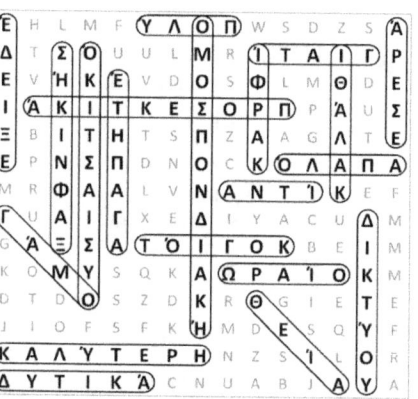

Puzzle 91

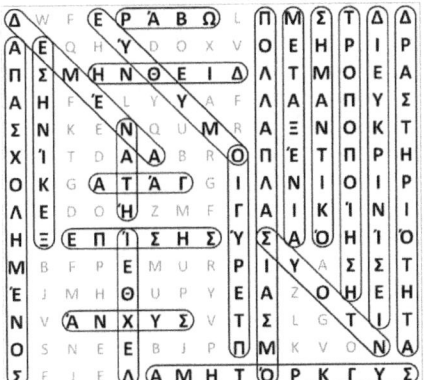

Puzzle 92

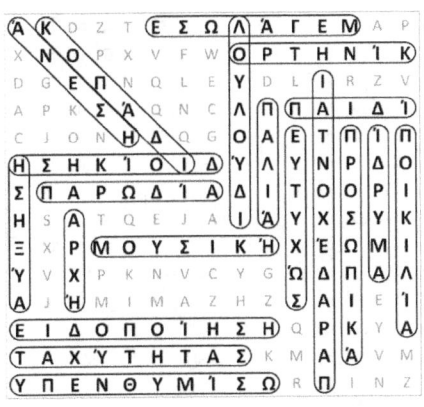

Puzzle 93

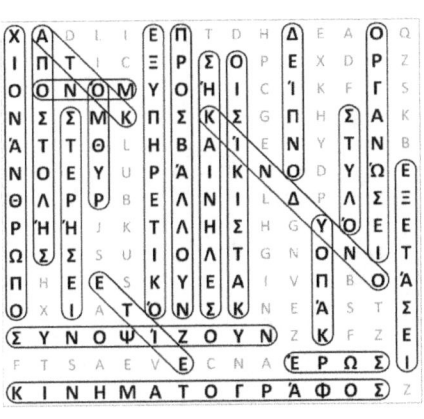

Puzzle 94

Puzzle 95

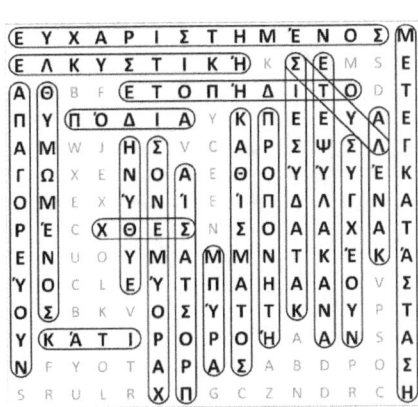

Puzzle 96

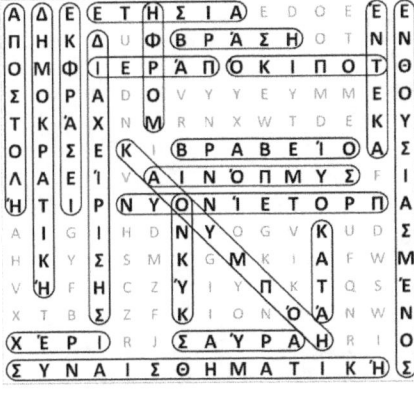

Puzzle 97

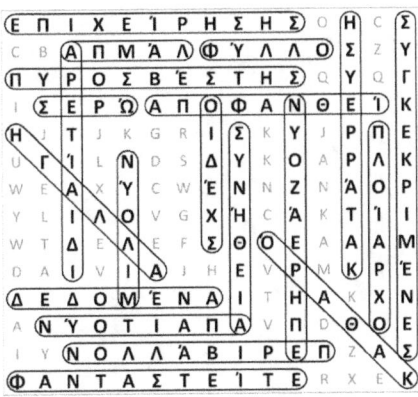

Puzzle 98

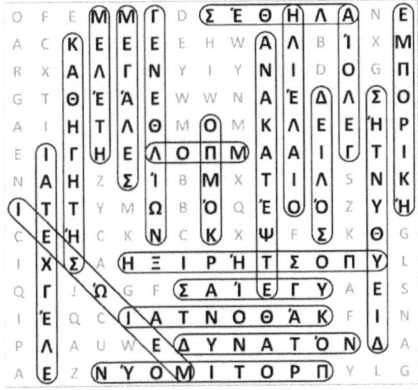

Puzzle 99

Puzzle 100

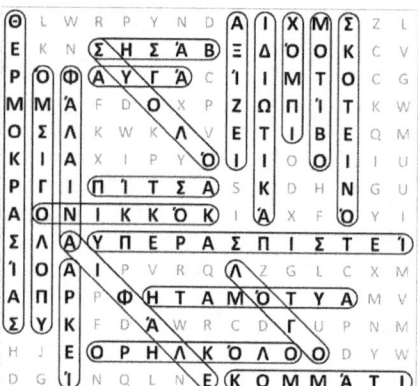

Congratulations

You made it!

We hope you enjoyed this book as much as we enjoyed making it. We do our best to make high quality games.

These puzzles are designed in a clever way to actively spark the brain and make it sharp and quick!
Did you love them?

A Simple Request

Our books exist thanks to the reviews you post on Amazon. Could you help us by leaving a review now?

Here is a short link which will take you to your Amazon orders review page.

BestBooksActivity.com/Review50

MONSTER CHALLENGE!

Challenge #1

Ready for Your Bonus Game? We use them all the time but they are not so easy to find. Here are **Synonyms**!

Note 5 words you discovered in each of the Puzzles noted below (#21, #36, #76) and try to find 2 synonyms for each word.

Note 5 Words from *Puzzle 21*

Words	Synonym 1	Synonym 2

Note 5 Words from *Puzzle 36*

Words	Synonym 1	Synonym 2

Note 5 Words from *Puzzle 76*

Words	Synonym 1	Synonym 2

Challenge #2

Now that you are warmed-up, note 5 words you discovered in each Puzzle noted below (#9, #17, #25) and try to find 2 antonyms for each word.
How many lines can you do in 20 minutes?

Note 5 Words from **Puzzle 9**

Words	Antonym 1	Antonym 2

Note 5 Words from **Puzzle 17**

Words	Antonym 1	Antonym 2

Note 5 Words from **Puzzle 25**

Words	Antonym 1	Antonym 2

Challenge #3

Wonderful, this monster challenge is nothing to you!

Ready for the last one? Choose your 10 favorite words discovered in any of the Puzzles and note them below.

1.	6.
2.	7.
3.	8.
4.	9.
5.	10.

Now, using these words and within a maximum of six sentences, your challenge is to compose a text about a person, animal or place that you love!

Tip: You can use the last blank page of this book as a draft!

Your Writing:

Explore a Unique Store
Set Up **FOR YOU!**

MEGA DEALS

BestActivityBooks.com/**TheStore**

Designed for **Entertainment**!

Light Up Your Brain With Unique **Gift Ideas**.

Access **Surprising** And **Essential Supplies!**

CHECK OUT OUR MONTHLY SELECTION NOW!

- Expertly Crafted Products -

NOTEBOOK:

SEE YOU SOON!

Delta Classics Team

BESTACTIVITYBOOKS.COM/FREEGAMES